Kleine Schriften – Rechtswissenschaft

Short Cuts – Law

Band | Volume 1

Otto Lagodny

Rechtswissenschaft als Argumentationswissenschaft

Transnationales Toleranzprinzip oder hegemonialer Letztbegründungsanspruch?

Onlineversion
Nomos eLibrary

Die Deutsche Nationalbibliothek verzeichnet diese Publikation in der Deutschen Nationalbibliografie; detaillierte bibliografische Daten sind im Internet über http://dnb.d-nb.de abrufbar.

ISBN 978-3-8487-8702-9
(Nomos Verlagsgesellschaft mbH & Co. KG, Baden-Baden, Print)
ISBN 978-3-7489-3094-5
(Nomos Verlagsgesellschaft mbH & Co. KG, Baden-Baden, ePDF)

ISBN 978-3-7089-2446-5
(facultas Verlag, Wien)

1. Auflage 2023

Inhaltsverzeichnis

Persönliche Bemerkungen vorab

Liebe Leserin,
lieber Leser,

zum Ende meiner aktiven rechtswissenschaftlichen Tätigkeit wollte ich mich mit der einfach erscheinenden Frage befassen, ob die Rechtswissenschaft eine Wissenschaft ist. Bei der Arbeit hieran und der Recherche hierzu ist mir immer mehr bewusst geworden: Aus jeder vorläufigen Antwort ergeben sich immer weitere und immer andere neue Fragen. Das Bild der „Hydra" würde hier passen, obwohl ich kein „Drachentöter" sein kann. Deshalb möchte ich die nachfolgenden Überlegungen nur als meinen einseitigen Denkanstoß verstanden wissen. Ob sich daraus eine mehrseitige Diskussion der Interessierten ergibt, ist völlig offen.

Mir ist im Laufe des Projekts bewusst geworden, dass mich die Suche nach normativen Letztbegründungen zentral beschäftigt und umgetrieben hat. Mein sehr geschätzter Kollege, der Verfassungsrechtler *J. F. Linder*, hat jüngst hierzu (ohne die Fußnoten) ausgeführt:

> *„Die erkenntnistheoretische Unmöglichkeit (normativer) Letztbegründung wird heute nicht mehr*

> *grundsätzlich bestritten. Einen Norminhalt als richtig letztzubegründen würde voraussetzen, hinreichende, mindestens plausible Gründe für diesen Norminhalt benennen zu können. Dies wiederum würde voraussetzen, die dafür angeführten Gründe ihrerseits zu begründen. Es droht hier das, was der Philosoph Hans Albert das sog. ‚Münchhausen-Trilemma' genannt hat: Das Prinzip hinreichender Begründung von (auch) normativen Aussagen führt entweder in einen infiniten Regress, in einen Zirkelschluss oder in den Abbruch des Begründungsverfahrens an bestimmter Stelle.*"[1]

Dieser Standpunkt, wonach es „unbestritten" sei, dass es keine normative Letztbegründung gibt, zitiere ich hier nicht deshalb, weil sie von *Lindner* stammt, sondern weil dieser sie in der *schriftlichen* Fassung seines Referates bei der *StaatsrechtslehrerInnen*-Tagung 2022 in Fußnote 66 *publiziert* hat.[2]

Eine solche Aussage jedoch bei einer Tagung der *Strafrechts*lehrerInnen-Tagung auch nur mündlich zu machen, würde mit einem Aufschrei mancher strafrechtlichen Kolleginnen und Kollegen aus ver-

---

1 *Lindner*, Verfasste Freiheit. Erster Beratungsgegenstand: Selbstbestimmung und Fremdbestimmung in der liberalen Demokratie, 3. Entwicklungsdynamik, in: Referate und Diskussionen der Tagung der Vereinigung der Deutschen Staatsrechtslehrer in Bremen vom 5. bis 7. Oktober 2022, VVDStRL 82 (2023), S. 109, 124 f. Fn. 66.

2 Siehe Fn. 1.

schiedensten Winkeln quittiert. Wer immer hier eine solchen Standpunkt vertreten würde: Er oder sie hätte es wahrlich nicht leicht. Die wenig wertschätzende Frage, ob man nun endgültig in einen Positivismus nach dem Vorbild von *Kelsen* verfallen sei, wäre noch eine vornehme Reaktion. Der heftigste Widerspruch aber derjenigen, die ihre strafrechtlichen Erkenntnisse beispielsweise auf *Kant* oder auf *Hegel* aufbauen, wäre ihm oder ihr gewiss. Ob ein solcher Standpunkt im Strafrecht zur Ächtung führen würde, sei jetzt dahingestellt. Bei den Staatsrechtlern ist einem freilich genau dies widerfahren, wenn er (eine Frau ist jedenfalls mir nicht bekannt) das sinngemäß gemacht hätte.

Jedenfalls werde ich mich nachfolgend anheischig machen, den eingangs referierten Standpunkt im Verfassungsrecht, dass eine normative Letztbegründung nicht möglich ist, auch für das Strafrecht aus der Sicht und Denkweise des transnationalen Straf- und Strafprozessrechts zu begründen. Ich habe die Form eines Essays gewählt und werde nur dort mit Fußnoten aufwarten, wo sie urheberrechtlich unverzichtbar sind, also im Wesentlichen bei wörtlichen Zitaten. Alle im Text von mir verarbeitete Literatur lückenlos zu zitieren, erschien mir aus oben genannten Gründen erstens unmöglich. Zweitens möchte ich niemanden zwangsweise in eine Diskussion verwickeln, an der er oder sie gar nicht gedacht hat und deshalb auch nicht teilnehmen möchte.

Bei den Staatsrechtslehrern und -lehrerinnen ist der eingangs zitierte Standpunkt zwar nicht einhellig akzeptiert. Das haben die Diskussionen bei der Tagung im Jahr 2022 gezeigt. Wenn man aber die Genese der veröffentlichten Form eines Referates der StaatsrechtslehrerInnentagung kennt, dann ist völlig klar, dass es sich jedenfalls nicht um eine absolute Außenseitermeinung handeln kann. Sie ist in den Augen der für die Tagung Verantwortlichen und damit nach Maßgabe dieser „Zunft" zumindest „vertretbar".

Genau das wäre aber im Strafrecht undenkbar: Dass die Strafrechtslehrerinnen und -lehrer es für „vertretbar" hielten, eine Letztbegründung sei „unmöglich". Wo kämen wir da denn hin?

Damit bin ich bei meinen Selbstzweifeln angekommen: Wenn ich auf meine eigene wissenschaftliche Tätigkeit zurückblicke, wäre es auch vor nicht all zu langer Zeit für mich selbst undenkbar gewesen, dass ich dies so sehe. Für mich waren die Grund- und Menschenrechte immer eine Grundlage für Letztbegründungen. Und mein jetzt leider verstorbener akademischer Lehrer, *Albin Eser*, hat uns Schülerinnen und Schülern immer nahegebracht: Es geht vor allem um Letztbegründungen. Von daher war der Weg für mich sehr schwierig, weil ich nicht nur äußere, sondern vor allem auch innere Widerstände überwinden musste.

Aber irgendwann, als ich wieder über diesem Text saß, wurde mir auch bewusst: Ich muss unbedingt eine Art „Warnhinweis" für die Strafrechtler und Strafrechtlerinnen gleich zu Beginn anbringen, wie er sich zB auf potenziell gesundheitsgefährenden Waren befindet. Denn ich mute Ihnen so einiges zu. Vor allem: In vielen für uns (einschließlich mir selbst) gewohnten Dingen müssen Sie wie auch ich bereit sein, alte Denkmuster aufzugeben. Das wird Ihnen am ehesten deutlich, wenn ich meine wesentlichen Ergebnisse und noch ohne Begründungen schon hier und vorab mitteile. Dann können Sie selbst entscheiden, ob Sie weiterlesen oder nicht:

1. *Ein weltweit verbindliches „menschengerechtes" oder „menschenwürdiges" oder „gutes" oder wie auch immer positiv zu charakterisierendes Recht können wir nicht* inhaltlich *bestimmen. Es fehlt dazu an einem weltweit verbindlichen inhaltlichen Maßstab, eben an einer Letztbegründung.*

a. *Die nationalen oder internationalen Menschenrechte nehmen diese Funktion nicht ein.*
b. *Auch die „Menschenwürde" oder sonst ein inhaltliches Kriterium erfüllt dies nicht.*
c. *Es gibt auch keine* weltweit *akzeptierte rechtsphilosophische oder allgemeine* inhaltliche *philosophische Position, die diese Aufgabe übernehmen könnte. Aber unsere Auffassung von Menschenrechten gibt uns den Maßstab für unsere eigene Toleranz gegenüber anderen, die aus unserer Sicht so handeln, wie es mit unserer Auffassung von Menschenrechten nicht zu vereinbaren ist.*

Positionen wie zB die europäische Aufklärung, der Islam, der Hinduismus, der Konfuzianismus oder jede andere Konzeption haben nur *regional* oder *kulturell radizierte* Akzeptanz. Daraus ergibt sich aber zugleich die Legitimation für regional oder kulturell radizierte *Verweigerung* von Akzeptanz, wie zB die Ächtung der Todesstrafe oder von Körperstrafen in Europa.

Eine weltweit akzeptierte und praktizierte (rechts-)philososphische Position ist nicht sichtbar. Weder die europäische Aufklärung, das Christentum, der Islam, der Hinduismus oder der Konfuzianismus sind weltweit als eindeutig führende und herrschende Prämisse anerkannt. Das erscheint so offensichtlich, dass man es eigentlich nicht näher begründen müsste. Der Denkreflex etwa in Europa liegt auf der Hand: *„Das kann doch nicht sein, dass die Aufklärung und ihre unmittelbare Frucht, die Menschenrechte, nicht universal gelten!“*

Genau deshalb werde ich nachfolgend überlegen, warum das doch so ist. Aber wir verzichten nicht auf diese Maßstäbe, sondern wenden sie jedenfalls für uns an. Und zwar allen anderen gegenüber, auch und gerade gegenüber denjenigen, die sie nicht teilen.

2. *Wir können ein „gerechtes“/„menschenwürdiges“/„gutes“ Recht deshalb nur durch ein* Verfahren *(im weitesten Sinne) bestimmen. Das gilt auch und gerade für rechtsphilosophische Ansätze.*

3. *Ob mit einem solchen Verfahrensansatz eine weltweite Geltung erreicht werden kann, ist offen. Jedenfalls ist immer eine „kleinräumigere" (zB ein einzelner Staat) bis hin zur „kleinräumigsten" Geltung (zB Ortschaft oder Ortsteil oder sogar „Gruppe") denkbar. Ebenso ist offen, wer daran in welcher Weise und in welcher Funktion daran teilnimmt.*
4. *Gleichgültig, wie die Fragen 2 und 3 beantwortet werden (zB von den Europäern* Habermas *oder* Alexy*): Grundlage ist immer eine gute oder schlechte (und im Extremfall der Diktatur: gar keine) Argumentation und Begründung. Deshalb nenne ich die Rechtswissenschaft eine „Argumentationswissenschaft".*
5. *Ganz wesentlich ist, dass auch wir Deutschen demütig sind und nicht meinen oder gar erwarten, dass alle anderen sich nach deutschem Muster verhalten.*

Die Thesen 1 a–c, stehen in klarem Widerspruch zu dem, wovon auch ich selbst bis vor einiger Zeit unerschütterlich überzeugt war. Meine Dissertation zur Rechtsstellung des Individuums im Auslieferungsrecht[3] und meine Habilitationsschrift zu grundrechtlichen Grenzen des materiellen Strafrechts[4] haben mich in Gewissheiten gewogen, die für mich gerade-

---

3 *Lagodny*, Die Rechtsstellung des Auszuliefernden in der Bundesrepublik Deutschland, 1987.

4 *Lagodny*, Strafrecht vor den Schranken der Grundrechte. Die Ermächtigung zum strafrechtlichen Vorwurf im Lichte

zu unangreifbar erschienen: Woraus kann man denn Maßstäbe für „gutes“ Auslieferungsrecht oder für „gutes“ materielles Strafrecht gewinnen, wenn nicht aus den nationalen Grund- oder aus den internationalen Menschenrechten? Etwas anderes erschien mir völlig unvorstellbar. Man kann nach meiner Vorstellung doch allenfalls über das Maß, über das „Wieviel?“, diskutieren, aber doch bitte nicht über das „Ob“!

Deshalb erscheint es mir sehr wichtig, dass Sie, liebe Leserin und lieber Leser, es nachvollziehen können, wie es bei mir selbst zu diesem Wandel kam und warum ich jetzt gerade nicht mehr so denke, wie wahrscheinlich Sie momentan. Wenn Sie aus Deutschland sind, werden Sie vielleicht wie ich denken oder gedacht haben:

- Über *Kant* oder *Hegel* und deren Rechtsphilosophien oder irgendeine andere Konzeption „geht nichts“. Die „gilt“ doch „weltweit“.
- Menschenrechte sind doch unveräußerlich. Das stand doch schon seit 4.7.1776 in der amerikanischen Unabhängigkeitserklärung: „We hold these truths to be self-evident“.
- Und überhaupt: Die Rechtswissenschaft (Singular) ist doch eine Wissenschaft. Deshalb müssen

der Grundrechtsdogmatik dargestellt am Beispiel der Vorfeldkriminalisierung, 1996.

zentrale Rechtssätze doch auch wissenschaftlich begründbar sein.

Ich spreche ganz bewusst vom Singular „der Rechtswissenschaft“[5] und nicht vom Plural „der Rechtswissenschaften“. Wollte man den Plural verwenden, müsste man offenlegen, welche verschiedenen „Wissenschaften“ man meint: Werden die weltlichen von den religiösen oder kirchenrechtlichen Rechtswissenschaften abgegrenzt? Sind es die „privatrechtlichen“, die von den „öffentlich-rechtlichen“ zu unterscheiden wären? Mir leuchtet der Plural nicht ein wegen diesen Unklarheiten.

Warum, so lautet die erste Frage, kommt es nicht auf einen *inhaltlichen* Maßstab an. Zu denken ist zB an „Gerechtigkeit“, „Angemessenheit“ oder an „Menschenrechte“, „Demokratie“ oder „Menschenwürde“ usw aber auch an eine bestimmte philosophische Konzeption, etwa von *Kant* oder von *Hegel.*

Aber als zB Folter vor rund 500 Jahren im Inquisitionsprozess als Beweismittel eingeführt wurde, handelte es sich um einen relativen „Fortschritt“, weil ein Gottesbeweises nicht mehr nötig war. Hinter einem „Gottesbeweis“ verbarg sich zB eine Feuerprobe, welche die Angeklagten nicht überstanden, wodurch – so der seltsame Gedanke – der Beweis erbracht worden war, dass der Angeklagte die Wahrheit gesagt

---

5 Siehe auch *Lindner*, Einheit der Rechtswissenschaft als Aufgabe, JZ 2016, S. 697.

und nicht gelogen hatte. Heute ist Folter hingegen weltweit geächtet als Verstoß gegen völkerrechtliche Menschrechtskonventionen. Diese haben das Folterverbot sogar notstandsfest gemacht (siehe Art. 15 Abs. 2 EMRK): Selbst in Zeiten des staatlichen Notstandes darf nicht von diesem Verbot abgerückt werden.

Über die Zeit hinweg hat sich der inhaltliche rechtliche Maßstab, den man zur Beurteilung der Folter anlegen würde, gewandelt. Von daher ist es relativ, dass man das Folterverbot heute völlig anders beurteilt als früher. Das kann sich genauso gut wieder in sein Gegenteil verkehren.

Das aber ist ein Problem aller inhaltlichen Maßstäbe: Was zB unter „Menschenwürde“ zu verstehen ist, ob es diesen Prüfungsmaßstab außerhalb westlicher Kulturen überhaupt gibt, und er nicht von einem funktional gleichwertigen Äquivalent zumindest teilweise ersetzt wird, ist völlig ungeklärt. Die Diskussion über die Universalität der Menschenrechte[6] belegt dies.

Nur als ein Beispiel für die vorherrschende Denkweise: Zur „Zukunft der Rechtsphilosophie“ führt *Hilgendorf* in dem von ihm mitherausgegebenen „Handbuch Rechtsphilosophie“ beispielsweise aus:

---

6 *Kühnhardt*, Die Universalität der Menschenrechte. Studie zur ideengeschichtlichen Bestimmung eines politischen Schlüsselbegriffs, 1987.

Angesichts der „kulturellen und religiösen Zersplitterung“ werde die „Suche nach einem neuen normativen Fundament“ von vielen als dringlich empfunden. Als „‚normativer Anker‘ biete sich vor allem „die enge deutsche Konzeption“ von Menschenwürde im Sinne von Art. 1 GG als „nicht abwägbares Basisrecht“ an. Dieses stoße auch in den USA, aber auch in Israel und anderen Ländern auf „zunehmendes Interesse“. Es gebe aber auch ein „eher weites, sich aus heterogenen philosophischen Quellen speisendes Begriffsverständnis [...] wie es vor allem in der angelsächsisch geprägten Rechtsphilosophie in zahlreichen Varianten“ vertreten werde.“[7] Der gesamte afrikanische und asiatische Raum spielt also in der gegenwärtigen (westlichen) Rechtsphilosophie keine oder allenfalls eine geringe Rolle. Immerhin finden sich auf der Homepage der im Entstehen begriffenen, also sehr aktuellen und von *Stephan Kirste* und *Mortimer Seller* herausgegebenen „Encyclopedia of the Philosophy of Law and Social Philosophy“[8] Hinweise auf „Chinese Legal Thought“ mit den bislang vier Unterkategorien „Overview“, „Mohist School“, „Confucian School“, und „The Legalist School“. Ein Beitrag zu „Islamic Legal Thought“ ist in Vorberei-

---

7 *Hilgendorf*, Rechtsphilosophie der Gegenwart, in: *Hilgendorf/Joerden* (Hrsg.), Handbuch Rechtsphilosophie, 2. Aufl. 2021, S. 176, 184.

8 *Sellers/Kirste*, Encyclopedia of the Philosophy of Law and Social Philosophy, 2020 (https://link.springer.com/referencework/10.1007/978-94-007-6730-0 [1.6.2023]).

tung. Erschienen ist inzwischen ein Sonderheft „Islam und Recht“ der Zeitschrift “Rechtsphilosophie – Zeitschrift für die Grundlagen des Rechts“ (Heft 2/2023).

Auch das Thema „Globalisierung und Philosophie“[9] ist nicht einschlägig. Unter diesem Aspekt werden Fragen der globalen Bedrohung, also globale Risiken und Gefahren behandelt. Die hier zu erörternden Fragen betreffen aber erst recht das „alltägliche“ Recht, wie zum Beispiel das traditionelle nationale Strafrecht mit Mord und Totschlag, mit Diebstahl und Hausfriedensbruch.

Auch einschlägige Gesamtdarstellungen zur Rechtsphilosophie[10] ergeben kein anders Bild.

Man ist also zu sagen versucht: „Das wars dann auch.“ Das wäre zwar ein sehr hemdsärmelige, aber gleichzeitig auch realistische Zusammenfassung.

Zu beachten ist deshalb auch, dass inhaltliche philosophische Maßstäbe von Denkern geprägt waren, die einem *einzigen* Kultursystem verbunden waren. Um es einfacher und drastischer auszudrücken: *Kant* war ebenso wenig Rechtsvergleicher wie *Hegel.* Und die großen Religionsstifter wie *Jesus* oder *Mohammed* waren es auch nicht.

---

9 *Reder*, Globalisierung und Philosophie. Eine Einführung, 2009.

10 *Vgl.* dazu nur: *Kirste*, Rechtsphilosophie, Einführung, 2. Aufl. 2020; *Hilgendorf/Joerden* (Hrsg.), Handbuch Rechtsphilosophie, 2. Aufl. 2021; *Zippelius*, Rechtsphilosophie, 6. Aufl. 2011.

In der westlichen Welt ist es wohl kaum bekannt, dass es zB in Asien eine (Rechts-)Philosophie gibt, die der europäisch-idealistischen der Aufklärung seit dem 18. Jahrhundert oder der amerikanisch/europäischen analytischen Philosophie des 20. Jahrhunderts in ihrer Bedeutung gleichkommt. Es erscheint mir auch nicht entscheidungserheblich, ob es zB in der asiatischen Welt eine (Rechts-)Philosophie gibt, die weltweit mehr Ansehen und Wirkmacht hat als die europäischen Ansätze. Dagegen spricht prima facie genau die Tatsache, dass diese asiatischen Ansätze in Europa oder auf den beiden amerikanischen Kontinenten weitgehend unbekannt sind. Das ist keineswegs eine zirkuläre Überlegung, weil es ja gerade um einen weltweiten oder universellen Achtungsanspruch geht.

Dies zeigt beispielhaft ein Band aus dem Jahre 2008, der sich dem Thema Universität der Menschrechte widmet.[11] Dort ist kein Beitrag aus der asiatischen Welt enthalten. Die Autorinnen und Autoren sind ausschließlich von einer deutschen Sichtweise geprägt, auch wenn sie hervorragende und akzeptierte Kenner der Materie sind. Natürlich schreiben sie auch über andere Welten im weitesten Sinne. Aber

---

11 *Nooke/Lohmann/Wahlers* (Hrsg.), Gelten Menschenrechte universal? Begründungen und Infragestellungen, 2008, mit Beiträgen von *Nooke, Di Fabio, Bielefeldt, Schmidt, Jüngel, Brieskorn, Gosepath, Hoffmann, Klein, Lohmann, Nolte, Rein, Tönnies.*

es kommt kein Vertreter dieser anderen Welten zu Wort. Deshalb hat diese Diskussion etwas von einem „Wir wissen das schon und brauchen Euch nicht wirklich." Das wäre mit anderen Worten wenigstens patriarchalisch oder, wenn man dieses Kampfwort verwenden will: „kolonialistisch". Der Grund für die Mitwirkung ausschließlich deutscher Autorinnen und Autoren mag aber auch in finanziellen Fragen liegen. Diese sind aber heute im Jahr 2023 spätestens durch die heutigen Kommunikationsmöglichkeiten relativiert.

Warum, so lautet die erste Frage, kommt es nicht auf einen *inhaltlichen* Maßstab an. Zu denken ist zB an „Gerechtigkeit", „Angemessenheit" oder an „Menschenrechte", „Demokratie" oder „Menschenwürde" usw aber auch an eine bestimmte philosophische Konzeption, etwa von *Kant* oder von *Hegel*.

Die erwähnten Grundpositionen wurden für mich zunehmend zentral in Frage gestellt.

Das beginnt mit der Frage: Ist die Rechtswissenschaft überhaupt eine „Wissenschaft"? Mein Sohn *Julius* ist empirisch arbeitender Politologe, der seinen akademischen Grad des „PhD" an der amerikanischen Cornell University (Ithaca) erworben hat. Dies hat mir eine ganz andere akademische Welt als die deutsche oder die österreichische eröffnet. Mit ihm habe ich so lange über die Frage der Wissenschaft vom Recht diskutiert, bis wir schließlich gemeinsam einen wissenschaftstheoretischen Aufsatz dazu verfasst haben, dass die Rechtswissenschaft eine

„Argumentationswissenschaft" ist, nicht aber – wie große Teile der Politikwissenschaft – eine empirische Wissenschaft.

Ihm und seiner Frau Professor *Shubha Kamela Prasad (PhD – Georgetown University, Washington D.C. – USA, jetzt: Hertie School, Berlin)*, verdanke ich auch, dass sich mein europäischer Horizont geöffnet hat gegenüber anderen Teilen der Welt. Allein die Antwort von Frau *Prasad* auf meine schlicht gemeinte Frage, ob sie mir Namen von indischen Philosophinnen oder Philosophen nennen könne, die vom Gewicht her mit *Immanuel Kant* vergleichbar seien, hat mich sehr stutzig gemacht. Ihre Antwort war: Es gebe keine individuellen oder individualisierbaren Philosophen und ihre Lehren, sondern nur allgemeine Richtlinien. Im Hinduismus würden philosophische Strömungen eher Texten zugeordnet, deren Autoren nicht im Vordergrund stünden[12]. Deshalb könne sie auch keinen „indischen Kant" benennen.

Und der Vater von Frau *Prasad*, *GJV Prasad*, ein pensionierter Anglistik-Professor von der indischen School of Language Literature & Culture Studies an der *Jawaharlal Nehru* Universität, Neu Delhi, hat mir den hinduistischen Ansatz zum Umgang mit Ungläubigen so erklärt: Wenn jemand sage, er glaube nicht an einen Gott, so nehme man in der hinduistischen Welt an, für ihn stecke Gott eben in allem. Gott sei für diesen Menschen nicht weiter zu kon-

12 Siehe den Abdruck unten S. 111

kretisieren. Man könne in der hinduistischen Welt nämlich mit Widersprüchen und Gegensätzen sehr gut zurechtkommen. Das störe nicht.

Mir hat dieser sicherlich vereinfachende und dadurch erst klarstellende Vergleich bewusstgemacht: Die hinduistische Denkweise unterscheidet sich grundlegend von der unsrigen aus der „westlichen" Welt. Meine Folgerung war: Das gilt sicherlich nicht nur für den Hinduismus, sondern auch für den Konfuzianismus und viele andere Denk- und Glaubensansätze.

Mich haben diese persönlichen Darstellungen zur politikwissenschaftlichen und zur indischen Welt sehr nachdenklich gemacht. Das war für mich eine besondere Chance, über diese Fragen nachzudenken. Denn in dieser Weise kann ich das nie in „den Büchern" lesen. Ja, selbst ein kollegiales wissenschaftliches Gespräch ließe es kaum zu, dass ich meinen Kommunikationspartnern Fragen stelle, die „man" doch „in unseren Kreisen" nicht stellt, die zu „naiv" oder zu „dumm" sind oder erscheinen. Und auf die mein professionelles Gegenüber sofort „professionell" reagieren und mir solche „Flausen" austreiben muss. Mein Gegenüber muss das schon zur Gesichtswahrung vor „anderen" aus der Profession machen.

Genau hierauf musste ich aber im Dialog mit den oben Genannten nicht achten. Das war ihr Geschenk, für das ich mich auch hier an diesem Ort innigst bedanke.

Meiner Doktorandin, Dra. Maga. Diana *Werner*, verdanke ich schließlich nicht nur den Hinweis auch auf islamische Konzepte, sondern auch eine hervorragende Dissertation zur fehlenden Bedeutung von *Kant* in Österreich.[13] Im Islam seien nur Priester zur islamischen Philosophie befugt. Laien/Nichtpriester dürften keine islamische Philosophie betreiben, weil diese immer mit dem islamischen Gottesverständnis und seinem für alle verbindlichen Verständnis zu tun habe. Aussagen hierüber seien aber Geistlichen vorbehalten. Im Islam fehlt also so etwas wie eine Säkularisierung. Das ist ein völlig anderes „Philosophie-Konzept" als unser weltliches im Westen, das letztendlich durch die Reformation im 16. Jahrhundert ermöglicht worden ist.

Immerhin eröffnet diese doch sehr kritische Denkweise zur nicht vorhandenen universellen Geltung der Menschenrechte gewissermaßen als Kehrseite ein Toleranzdenken: Es ist absolut erforderlich, dass man die Existenz anderer Konzeptionen von Rechten, von subjektiven Rechten oder von Menschenrechten anerkennt und zugleich ausdrückt, wo die eigene Grenze dieser Anerkennung liegt, wo also die „rote Linie" ist. Auch diese mag verschieden sein. Das muss man dann hinnehmen. Aber die Grenzen sind dann klarer und bewusster bestimmt. Beispiel:

---

13 *Werner*, Die kantische Vergeltungstheorie im österreichischen Strafrecht. Zur Grundausrichtung im materiellen Recht, 2023.

Wenn ein westeuropäischer Staat sagt: *Einen nichteuropäischen Staat unterstützen wir nicht bei der Verhängung der Todesstrafe*, dann können die europäischen Staaten dies nicht nur auf entsprechende Bestimmungen der EMRK und ihrer Zusatzprotokolle stützen, sondern auch auf ihr nationales Verfassungsrecht, wie zB Art. 2 und 102 GG in ihrer klaren Aussage. Man sieht an dieser Überlegung: Eines Konsenses bedarf es dazu nicht.

Genau der Punkt, dass man nur dann keine Toleranz mehr aufbringen dürfe, wenn die ganze Welt etwas wie die Todesstrafe oder die Folter verurteile, war und ist mir seit meiner Dissertation absolut unverständlich. Das deutsche Bundesverfassungsgericht hat in seiner Entscheidung aus dem Jahr 1964 so argumentiert. Und die Jus Cogens-Lösung im Auslieferungsrecht ebenso.

Der oben bereits zitierte Staatsrechtler und Rechtsphilosoph *Josef Franz Lindner* aber ermutigte mich sehr, meinen Weg mit diesem Essay zu gehen. Dauerhaft prägte mich schließlich die freundschaftlich-kollegiale Auseinandersetzung mit weiteren Kollegen von der Rechtsphilosophie. Namentlich *Stephan Kirste* und *Joachim Renzikowski*. Ich musste dabei zur Kenntnis nehmen: Jede Philosophie, also auch jede Rechtsphilosophie, scheint per se den Anspruch auf weltweite Geltung und Verbindlichkeit zu erheben. Dies gelte auf jeden Fall für die Logik oder die Mathematik. Von daher gebe es keine Begrenzung oder Konkurrenz.

Dieser universalistische Ansatz der Philosophie verstörte mich wiederum völlig. Denn vom transnationalen Recht herkommend, war für mich völlig klar, dass es keinen weltweiten Geltungsanspruch nationalen Rechts geben kann. Selbst das deutsche Strafrecht, das eigentlich – wie zB auch das US-amerikanische – am liebsten weltweite Geltung für sich beanspruchen würde, auferlegt sich hier (sehr wenige) Beschränkungen. Aber das ist eher eine Ausnahme. Der Ständige Internationale Gerichtshof hat jedenfalls völkerrechtlich verbindlich klargestellt, dass jeder souveräne Staat die Souveränität anderer Staaten anerkennen muss.

Warum sollte das aber anders sein, wenn es um philosophische Konzepte geht? Mein Grundgedanke dazu ist: Man muss mindestens die transnationalen Denkkonzepte funktional auf die (Rechts-)philosophie übertragen. Übertragen kann man diese Denkkonzepte nur „funktional", denn natürlich ist ein philosophischer Satz nicht mit einem Rechtssatz gleichzusetzen. Unterschiedliche rechtsphilosophische Konzepte können aus meiner Sicht aber genauso kollidieren und miteinander konkurrieren wie rechtliche Regelungen. Die Sicht vieler in der Philosophie Aktiven scheint mir aber zu sein: „Meine" Philosophie (oder wenigstens Teile davon) „gewinnt": „Meine" ist die „stärkste" und „überzeugendste" und die allein „gültige" – eben so wie der Patriarch in *Lessings Nathan der Weiße* immer wieder als Inbegriff der Intoleranz, die schon gar nicht verstehen will, sagt: „*Tut nichts, der Jude wird verbrannt!*"

Das wäre im transnationalen Recht vergleichbar mit dem Anspruch, dass das „eigene" Recht immer und ausnahmslos das allein gültige ist und für alle Inlands- und Auslandstaten gilt – gleichgültig wo der Tatort ist und um was es geht. Diese Sichtweise war vor allem im 19. Jahrhundert und dem Nationalstaatsdenken verbreitet. Heute ist es evident, dass man transnational nicht mehr so denken kann. Ein uneingeschränktes Universalitätsprinzip kann es nicht geben.

Kollisionen lägen dann zudem auf der Hand: Eine Kollision wäre der Regelfall, nicht die Ausnahme: Wenn jeder Staat für jede Tat auf der Welt sein eigenes Strafrecht für anwendbar halten würde, dann wäre die Welt geradezu übersät von den unterschiedlichsten nationalen „Strafbarkeiten". Das wäre aus der Sicht des Individuums schlicht unerträglich. Aus der Sicht der Staaten ist ein solcher „Netzgedanke" im Internationalen Strafrecht selbst heute noch zu beobachten. Oder man müsste dann Kollisionsregeln vorsehen, die diesen Strafgewalts-Wildwuchs immens zurückschneiden würden. Man begründet dann zuerst etwas, um es sogleich wieder zurückzunehmen. Letztlich wäre das sinnlos.

Aus diesem Grund und vor dem Hintergrund einer solchen Vorstellung widerstrebt mir die Vorstellung geradezu, dass jedes philosophische Konzept per se weltweiten Anspruch auf Geltung erhöbe. Es kann und muss nur darum gehen, die Grenzen für andere Konzepte aufzuzeigen.

Das ist nichts anderes als funktional etwa der Gedanke eines völkerrechtlichen „Jus Cogens", eines „völkerrechtlichen Mindeststandards" oder eines völkerrechtlichen „ordre public". Man muss diesen Ansatz freilich regional radizieren. Es geht nicht um einen weltweiten Maßstab. Der Bezugspunkt kann sehr viel kleiner sein. Das kann eine staatliche Ordnung, also ein „Staat", sein oder gar nur eine regionale Welche Rechtssätze sind so bedeutsam, dass auch zwei Staaten nicht davon abweichen können? Beim „ius cogens" handelt sich um ein völkerrechtliches Gebot, das in Art. 64 des Wiener Übereinkommen über das Recht der Verträge vom 23. Mai 1969[14] grundsätzlich anerkannt ist. Art. 64 lautet in deutscher Übersetzung: „Entsteht eine neue zwingende Norm des allgemeinen Völkerrechts, so wird jeder zu dieser Norm im Widerspruch stehende Vertrag nichtig und erlischt."

Man ist auch heute noch eher weit davon entfernt zu identifizieren, welche bestehenden Normen des zwingenden Völkerrechts es gibt. Völkerrechtlich repräsentativ für den aktuellen Stand erscheint mir wegen der Rechtsstellung der Schweiz das schweizerische „ABC des Völkerrechts", das vom Eidgenössischen Departement für Auswärtige Angelegenheiten (EDA) herausgegeben wird <www.eda.admin.ch>.

14 BGBl. 1985 II, S. 927; 1987 II, S. 757.

Dort werden „insbesondere das Gewaltverbot und die Verbote von Völkermord und Folter" zum Jus Cogens gezählt.

Es bedarf allerdings eines gerüttelt Maßes an Selbstbewusstsein: Jede Rechtskultur muss für sich selbst bestimmen, wo die Grenze, wo die „rote Linie" ist. Für Deutschland gehört inzwischen dazu: das Verbot der Todesstrafe oder der Folter und zwar unabhängig davon, ob und wie viele andere Staaten und Rechtskulturen das so sehen.

Islamische Rechtskulturen mögen beispielsweise kein Problem damit haben, Körperstrafen zu verhängen und zu vollstrecken. Europäische Rechtskulturen sehen das wegen Art. 3 und 15 EMRK zum Glück anders.

Daraus ergibt sich für mich ein Toleranzprinzip, das sich in Anlehnung an *Kant*s kategorischen Imperativ so formulieren möchte:

> *Toleriere bei ausländischen Rechtsordnungen alles, aber auch nur das, wofür Du im Rahmen Deiner rechtlichen Ordnung selbst eine rechtlich verbindliche Norm erlassen könntest.*

Mir ist bewusst, dass diese hier vorgestellte Denkweise für manche inakzeptabel erscheint. Die Gründe für die bisherige Denkweise überzeugen mich aber nicht. In diesem Beitrag werde ich mich deshalb eingehend mit diesen Gründen auseinandersetzen. Wem allerdings partout das Ergebnis nicht passt, der möge das Buch zur Seite legen und etwas anderes machen.

Weiterzulesen wäre für Sie dann nur vertane Zeit.

Und ich muss vielleicht mit meinem Vorhaben sicherlich viele andere und auch mich selbst enttäuschen: Meine Thesen sprechen so viele Konzepte, Konsequenzen und Grundlagen aus vielen wissenschaftlichen Bereichen an, dass es mir nicht möglich sein wird, alle Fragen hinreichend zu beantworten. Mir kam die Arbeit an diesem Manuskript nämlich – wie eingangs schon betont – teilweise vor wie der Kampf gegen eine Hydra: Habe ich ein Frage für mich selbst (nicht notwendigerweise für andere) beantwortet, ergaben sich sofort wieder zahlreiche neue Folgefragen.

Auf den nachfolgenden Seiten werde ich deshalb nicht mehr ausarbeiten können als erste Überlegungen zu den hier angesprochenen Fragen. Diese mögen für andere als Grundlage für weitere Überlegungen dienen. Für mich selbst bedeutet das etwa, dass ich zB mögliche (aus meiner Sicht) falsche Schlussfolgerungen im Voraus erkenne und mich damit auseinandersetze.

Von daher handelt es sich um nichts anderes als einen Versuch, einen „essay", im Wortsinne. Er wäre nicht möglich gewesen, ohne die tragende Hilfe vieler weiterer Freunde und Kollegen: *Kurt Schmoller* hat mich überhaupt auf die Idee gebracht, die Rechtswissenschaften als „Argumentationswissenschaft" zu verstehen. *Marco Mansdörfer* hat mich nachhaltig ermuntert, nicht aufzugegeben, obwohl mir zwischendurch immer wieder danach war.

Die langjährige Zusammenarbeit mit meinem Freund *Wolfgang Schomburg* war die Grundlage für meinen Gang durch das transnationale Strafrecht. Ohne die so vielen Diskussionen mit ihm hätte ich manchen Gedanken schon gar nicht gedacht.

Viele rechtsvergleichende Einsichten verdanke ich meinem lieben Salzburger Kollegen *Andras Jakab*. Er hat nicht nur das österreichische öffentliche Recht, sondern vor allem auch das deutsche Verfassungs- und Verwaltungsrecht analysiert.[15]

Mein Studienfreund *Ernst-Peter Wackenhut* hat mich durch intensive Diskussionen weitergebracht – wie schon bei meiner Dissertation.

Schließlich möchte ich dem Nomos-Verlag und der sehr verlässlichen Betreuung von Herrn *Sebastian Zoller* sowie vor allem Herrn Kollegen *Johannes Rux* für seine nachhaltige Unterstützung und Aufmunterung danken. Ebenso gilt mein herzlicher Dank in langjähriger Verbundenheit Herrn *Peter Wittmann* (Facultas-Verlag).

---

15 Siehe zB Jakab, Warum verliert die deutsche Verfassungsrechtswissenschaft an internationalem Einfluss, ZaöRV 82 (2022), 701; ders., Staatslehre – Eine deutsche Kuriosität, in: Schönberger, Der „German Approach", Die Staatsrechtslehre im Wissenschaftsvergleich, Tübingen, S. 75 ff; ders., Die Dogmatik des österreichischen öffentlichen Rechts aus deutschem Blickwinkel – ex contrario fiat lux, Der Staat, 2007 (Heft 2), 268 ff.

Ich versuche also nachfolgend aufzuzeigen:

Inhaltlich geht es in Teil A um das Problem, dass man die Fragen des „guten" Rechts nur vom Verfahren des Argumentierens und Begründens her erfassen kann, mit anderen Worten: Es handelt sich bei der Rechtswisssenschaft um eine „Argumentationswissenschaft".

In Teil A soll dafür die wissenschaftstheoretische Grundlegung erfolgen: Warum muss man die Rechtswissenschaft als nicht-empirische und noch genauer als „Argumentationswissenschaft" bezeichnen? Damit wird der sehr markante Gegensatz zu einer empirischen Wissenschaft umschrieben. Daran schließen sich Überlegungen zu den Konsequenzen hieraus für wissenschaftliches Arbeiten (unten Teil B) und zu den Konsequenzen aus diesem Ansatz für die Lehre allgemein, besonders aber für Prüfungen (unten Teil C). Aus diesen aufgezeigten Konsequenzen ergeben sich wiederum weitere Folgen für die Wissenschaftsverwaltung (unten Teil D) und schließlich für die Finanzierung (unten Teil E).

Mit zunehmendem Umfang des Manuskripts ist mir aufgefallen: Ich stoße auf immer mehr und immer neue Folgefragen. Ich muss deshalb sehr diszipliniert mit dem mir zur Verfügung stehenden Raum umgehen. Aber auch das reichte mit der Zeit nicht mehr. Mir wurde klar: Diese Fragen werde ich keinesfalls in meinem Restleben abarbeiten können, und sei es auch nur für mich selbst.

Vor allem habe ich meiner Frau und mir versprochen, dass dieses Buch das letzte juristische sein wird. Denn zu wichtig ist unsere verbleibende Lebenszeit. Und für mich sind die hier anzusprechenden Fragen entweder hinreichend geklärt oder schlicht nicht mehr zu klären. Wenn ich aber „den Jüngeren" ein paar mir sehr wichtig erscheinende Fragen gleichsam zurufen und vielleicht nahebringen kann, freue ich mich. Aus der Distanz meines Alters nehme ich manche Dinge ganz anders wahr als früher.

Sollten die darin aufgeworfenen Fragen jedoch „den Jüngeren" jetzt oder in der Zukunft nicht wichtig genug erscheinen, dann ist es auch recht. Dann verbleibt für mich jedenfalls meine Freude daran, dieses Buch schreiben zu können.

Und einem vielleicht verfänglichen Vorverständnis sei hier schon vorgebeugt: Argumentationswissenschaft bedeutet nicht, dass jeder, der rechtlich relevant argumentiert, deshalb schon Wissenschaft betreibt. Auch und gerade ein Parteienvertreter, etwa ein Anwalt oder ein Strafverteidiger, argumentiert nach bestem Wissen und Gewissen. Aber die Suche ist schon deshalb nicht davon geprägt, was am „überzeugendsten" ist, sondern, was der Mandantschaft dient und was nicht. Ein wissenschaftlicher Zweck tritt demgegenüber zurück.

Auch bestimmte Begriffe bedürfen schon hier einer ersten Erläuterung: Was meine ich mit inhaltlich „*gutem*“ Recht und was mit „*weltweit*“ verbindlich?

– „gutes“ Recht

Der Begriff „gutes“ Recht dient hier zunächst als „black box“, als Leerbegriff, der alles erfassen soll, was aus einem zu untersuchenden konkreten Ansatz heraus für „gut“ befunden wird. Beispiele: Für eine Theorie, welche die „Menschenwürde“ in den Mittelpunkt stellt, ist die „Menschenwürde“ das maßgebende Kriterium für „gutes“ Recht. Stellt eine Theorie auf die (von wem auch immer wahrgenommenen und überlieferten) Worte von einem „Gott“ oder von „Allah“ ab, so kommt es eben darauf an, was nach dieser Theorie „Gott“ oder „Allah“ ist. „Gutes“ Recht muss diese inhaltlichen Kriterien erfüllen.

Gegenbeispiel: Die Sprachphilosophie (oder Sprachtheorie) von *Austin* und *Searle* ist aus meiner Sicht allein auf das Verfahren bezogen und macht keinerlei inhaltliche Vorgaben. Damit kann man also von vornherein nicht begründen, was inhaltlich „gutes“ Recht ist. *Kant* oder *Hegel* verfolgen hingegen auch dann jeweils einen inhaltlichen Ansatz, wenn man ihre Modelle „auch“ als Verfahrensmodelle verstehen würde. Dann bleiben sie immer noch *inhaltliche* Konzeptionen.

– „weltweite Geltung“

Die Frage nach einer „weltweiten“ Geltung mag aus rechtsphilosophischer Sicht befremdlich sein: Etwas anderes als „weltweite" „Geltung", „Anerkennung" oder „Verbindlichkeit" der Erkenntnise oder Ergebnisse der Rechtsphilosophie kann aus der Sicht dieses „Faches", dieser „Disziplin" (oder wie man „die" Rechtsphilosophie sonst charakterisieren mag) gar nicht gemeint sein.

Aus meiner Sicht und Denkweise im Transnationalen Strafrecht und der (Straf-)Rechtsvergleichung sieht das jedoch ganz anders aus. Da gehören diese zwei Fragen zum methodischen Grundverständnis. Und das erscheint mir ein zentraler Punkt für das Verständnis meines Gedankenganges zu sein. Als transnational überlegender Jurist ist es für mich selbstverständlich, folgende Fragen zu stellen:

- *Wo* gilt *das zu betrachtende Recht?* Nur im „eigenen Land", in der „eigenen regionalen Ordnung" (zB EU), auf einem bestimmten Kontinent (zB Europa) oder gar „weltweit" (zB zwingendes Völkerrecht).

Diese Probleme des Geltungsortes des Rechts sind strikt zu unterscheiden von der Frage, für welche Sachverhalte das Recht gilt, nämlich:

- *Gilt das zu betrachtende Recht nur für inländische oder auch für ausländische Sachverhalte?*

Diese allgemeine Rechtsfrage wird im Strafrecht durch die nationale Festlegung des Strafgewalt §§ 3–7 und 9 dStGB geregelt. Nach § 3 dStGB gilt das deutsche StGB auf dem deutschen Territorium, nach

§ 4 dStGB für Taten auf deutschen Schiffen oder Flugzeugen; nach § 6 dStGB gilt es grundsätzlich für Taten auf der ganzen Welt, wenn es sich – um nur Beispiele herauszugreifen – um Flugzeugentführungen oder bestimmte Straftaten gegen die Umwelt bzw. die sexuelle Selbstbestimmung handelt.

Im Verfassungsrecht stellen sich solche Fragen zB beim Grundrechtsschutz. Ausdrückliche Normen dazu gibt es nicht. Das Bundesverfassungsgericht hat aber jüngst judiziert: Die deutschen Grundrechte der Art. 1–19 GG sind auch auf Sachverhalte anzuwenden, die sich ausschließlich im Ausland abspielen. Auch in anderen Rechtsbereichen ist diese Frage der transnationalen Anknüpfung entscheidend.

In der Rechtsphilosophie muss man solche Fragen jedoch entweder gar nicht stellen oder man ist es vielleicht nur nicht gewohnt, sie zu stellen. Die ungeschriebene oder unausgesprochene Voraussetzung eines philosophischen oder rechtsphilosophischen Konzeptes scheint zu sein:

- Entweder es überzeugt ausnahmslos alle oder wenigstens fast alle, also „weltweit" und nicht nur in Europa/USA oder in Deutschland,
- oder es ist von vornherein kein überzeugendes rechtsphilosophisches Konzept;
- oder man blendet die Frage nach „weltweit" oder „universell" von vornherein aus, weil das westliche Konzept „ohnehin so gut ist" oder es „ohnehin keine Alternative" gibt.

> *Die Denkweisen sind im transnationalen Strafrecht und in der (Rechts-)Philosophie also nach meinem Eindruck völlig verschieden.*

Meine Einschätzung ist, dass die meisten rechtsphilosophischen Konzepte im dargestellten Sinne geradezu selbstverständlich davon ausgehen, dass sie „weltweite" Gültigkeit oder Verbindlichkeit (oder wie auch immer man das bezeichnen mag) haben Mir erscheint es aber so, dass diese Frage in den Kreisen der Rechtphilosophie gar nicht gestellt wird, sondern ihre *Bejahung* als selbstverständlich vorausgesetzt wird. Mit anderen Worten: Was soll denn der Theorie von *Kant* oder anderen Philosophen anderes zukommen als Weltgeltung?

Dass damit auch noch manches schlicht diskriminierende, rassistische oder kolonialistische Denkmuster verbunden sein könnte, sei hier nur angemerkt, nicht aber vertieft.

Der Anspruch auf Weltgeltung ist schließlich oft bei organisierten Formen von philosophischen Ansätzen zu beobachten. Zu diesem Schluss gelangt man, wenn man zB Religion als organisierte Form von Philosophie versteht.

Wie mir Frau Dr. *Werner* im Gespräch und durch Aktenvermerke mitgeteilt hat: Die Auslegung des Korans und der Sunna übernehmen sogenannte islamische Rechtsgelehrte, die jedoch den religiösen Titel des Ajatollah tragen müssen, damit sie die Befugnis dazu haben. Dazu ist ein Theologiestudium

Voraussetzung und jahrzehntelange Befassung mit dem Koran. Diese Rechtsgelehrten sind sich aber keinesfalls immer einig, weshalb sich im Laufe der Zeit unterschiedliche Rechtsschulen entwickelt haben, die jedoch entweder der sunnitischen oder der schiitischen Ausrichtung des Islams folgen.

Im Iran kann man sich nicht mit dem Recht beschäftigen, ohne sich mit dem Islam auseinandersetzen zu müssen. Art. 4 der iranischen Verfassung schreibt auch vor, dass alle Gesetze im Einklang mit den islamischen Maßstäben stehen müssen. Ein eigenes Organ, der Wächterrat, überprüft auch jedes Gesetz auf diese Maßstäbe.

Ein ganz bekannter Vertreter dieser Strömung ist *Nasr Hamid Abu Zaid* (aus Ägypten), der jedoch auch Koran- und Literaturwissenschaftler ist. Er wurde als Apostat verurteilt und ging ins Exil.

Innerhalb der Grenzen des Korans dürfen daher nur iranische Rechtsgelehrte „philosophieren". Solche sind beispielsweise *Ahmad Dschannati* und *Mahmud Haschemi Schahrudi*.

Frau Dr. *Werner* hat mir des weiteren noch folgende Darstellung geschickt, die sie für sich gemacht hat. Sie beruhen auf direkter Kommunikation mit einem iranischen Juristen und Theologen, von welchem die Informationen stammen. Ich zitiere diese Darstellung von Frau Dr. *Werner* wörtlich, weil es ausgesprochen schwierig bis unmöglich ist, im Iran an Quellen zu gelangen:

„Islamische Aufklärung?

Es gibt einige europäische Islamwissenschaftler, die behaupten, es hätte längst eine Art islamische Aufklärung gegeben, so zum Beispiel der britische Journalist Christopher de Bellaigue, der mit seinem Buch „Die islamische Aufklärung" ganz wesentlich zu dieser Annahme beisteuerte. In der Einleitung schreibt der Autor: „Die in diesem Buch beschriebenen Menschen werden uns vor Augen führen, dass der Islam in den letzten zwei Jahrhunderten einen schmerzhaften, aber zugleich auch beglückenden Wandel erfahren hat, der zugleich eine Revolution, eine Aufklärung und eine industrielle Revolution war." Wenn man sich jedoch mit dem Islam auseinandersetzt, kann man sehr klar darlegen, warum es keine islamische Aufklärung geben konnte.

Ich beginne mit einem Ereignis, das sich *Donnerstagsunglück* nennt, aus dem Grund, weil der Prophet Mohamed, der Gründungsvater des Islam, an einem Donnerstag im Sterben lag und sich viele seiner Gefährten um ihn versammelten. Mohamed bat um Stift und Papier, um ihnen seine letzten Anweisungen mitzuteilen, damit sie nach seinem Tod nicht in die Irre geleitet werden würden. Umar, der später der zweite Kalif werden sollte, verweigerte ihm jedoch Stift und Papier und sagte: „Der Prophet scheint nicht mehr bei Sinnen zu sein! Wir haben den Koran und der ist genug." Dieser Grundsatz „Hasbona Ketab Allah" besteht heute noch in den islamischen Rechtswissenschaften.

Die Geschichte Umars geht noch weiter: Als der Iran von der Armee des Islam erobert wurde, fragte der Heeresführer den Kalifen Umar, ob die Bücher, die er in den iranischen Bibliotheken gefunden hat nach Meddina schicken dürfe, damit alle Muslime von ihnen profitieren könnten. Omar antwortete so: „Werft sie alle ins Wasser oder verbrennt sie, weil wenn diese irgendeine Art von Führung oder Leitung enthalten, so gab uns Allah eine bessere Version, den Koran." Aufgrund dessen wurden alle Bücher verbrannt oder ins Wasser geworfen.

Das Prinzip: Wir haben den Koran und der ist genug!, zieht sich durch die Geschichte und zeigt, dass der Inhalt des Korans die äußerste Grenze allen Denkens ist. Dies bestätigt auch ein Vers selbst im Koran, genauer in Sure 6, 59:

„Bei ihm sind die Schlüssel zum Verborgenen. Niemand kennt sie außer ihm. Er weiß, was auf dem Festland und im Meer ist. Kein

Blatt fällt herab, er wisse es denn, und kein Korn ist in der Erde Finsternissen und nichts Feuchtes und nichts Trockenes, das nicht in einem klaren Buche stünde."

In der Geschichte des Islam, gab es nur eine Ausnahme, in der man eventuell von einer aufklärerischen Periode ausgehen könnte. Der siebte Kalif Al'Mamun (786–833) setzte die Griechisch-Arabische Übersetzungsbewegung in Gang. In dieser ließ er zahlreiche griechische (und auch einige mittelpersische) Werke zur Logik, Mathematik, Medizin und Astronomie ins Arabische übersetzen. Dadurch öffnete man sich fremdem Gedankengut. Diese Übersetzungsbewegung beruhte darauf, dass der Kalif einer bestimmten theologischen Strömung des Islam folgte: der Mu'tazila. Diese Lehre besagt, dass der Koran als eine erschaffene Offenbarung gilt und stellte sich so gegen die Hauptlehre im Islam, wonach der Koran als Rede Gottes präexistent ist, also bereits von aller Ewigkeit her existiert. Bei der Lehre Mu'tazila geht es darum, dass es sich beim Koran nicht um die eigenen Worte Gottes handelt, wie in der Hauptlehre ausgegangen wird. Diese Unterscheidung erlaubt es, den Koran nicht als äußerste Grenze anzusehen und so quasi weiterzudenken. Im Sommer 827 erklärte Al-Mamun die Lehre von der *Erschaffenheit des Korans* zur offiziellen Staatsdoktrin. Alle Rechts- und Religionsgelehrte, vor allem solche, die ein öffentliches Amt bekleideten, mussten einen Eid auf die Lehre von der Erschaffenheit des Korans leisten. Beide Nachfolger Al'Mamuns hielten noch an der Mu'tazila fest, in späterer Folge nicht mehr.

Zusammenfassend gilt der Koran als äußerste Grenze des Denkens. Wer diese Grenze überschreitet, macht sich dem islamischen Delikt der Apostasie schuldig. Dieses Delikt des klassischen islamischen Strafrechts bedeutet übersetzt „Abfall vom Glauben". Der Tatbestand dieses Delikts ist sehr weit und umfasst Handlungen, die entgegen den Lehren des Islam ausgeführt werden, aber auch Aussagen, die die Richtigkeit des Korans anzweifeln. Wenn zum Beispiel ein islamischer Philosoph ein anderes Strafsystem als jenes der Scharia vorschlagen würde, dann würde dieser zum Apostaten erklärt und zum Tode verurteilt werden. Dieses Delikt zwingt viele Philosophen von heute ins Exil und viele schweigen aus Angst zum Apostaten erklärt zu werden. Die islamischen Philosophen besaßen nie die Freiheit der Philosophen der Aufklärung und konnten sich nie gegenüber dem über allem stehenden Koran behaupten."

Links:
Zu Mamun
http://alkhalil81.0fees.us/Alma%27amoon.html?i=1

Zu Umar
http://religionv1.orf.at/projekt03/religionen/biographien/bi_omar_fr.htm
http://www.eslam.de/begriffe/u/umar_ibn_chattab.htm
http://www.eslam.de/begriffe/d/donnerstagsunglueck.htm

Zu den Buch-Übersetzungen
https://www.sciencedirect.com/science/article/pii/S1877042815050983?via%3Dihub

Speziell zur deutschen Sichtweise ist zu bemerken: Die Strafrechtsvergleichung zwischen dem „großen" Deutschland und dem erst seit 1918 „kleinen" Nachbarland Österreich hält der deutschen Strafrechtswissenschaft einen Spiegel vor.[16] Dieser Spiegel fordert uns in Deutschland zu kritischer Reflexion auf. Ob andere diesen Spiegel als denjenigen eines „Hofnarren" betrachten, ist mir dabei gleichgültig. Denn es ist recht eigentlich genau dieser Spiegel, der jedenfalls mir bewusst macht: Es gibt (Straf-)Rechtsordnungen, die es auch ohne *Immanuel Kant* und ohne *Georg Wilhelm Hegel* zu einem weitgehend menschengerechten *materiellen* Strafrecht bringen. In Österreich werden genau die Ziele besser und klarer erreicht, welche nach Teilen der deutschen Straf-

16 Siehe ausführlich: *Lagodny*, Zwei Strafrechtwelten. Rechtsvergleichende Betrachtungen und Erfahrungen aus deutscher Sicht in Österreich, 2021, passim.

rechtswissenschaft nur über *Kant* oder *Hegel* oder einen anderen philosophischen Ansatz erreicht werden können. Dies zu realisieren und anzuerkennen, würde bei vielen von uns zu dem Eingeständnis führen, dass es eben viele Wege gibt, die nach Rom führen, und nicht nur den einen Königsweg, der nur der deutsche sein kann. Gar viele wissenschaftliche Diskussionen erscheinen dann plötzlich in einem ganz anderen Licht. Ob es die veröffentlichte (ironisch gemeinte?) Aufregung eines Kollegen darüber ist, dass er von anderen Kollegen falsch verstanden worden sei, oder ob es die gewohnte Suada eines anderen Kollegen gegen einen ignoranten Gesetzgeber ist, der sämtliche, von ihm zitierten wissenschaftlichen Autoritäten missachte.

Welches Verständnis der Rechtswissenschaften liegt jeweils zugrunde? Bedeutet Rechtswissenschaft, dass sich jeder und jede mit jedem und jeder explizit und schriftlich in veröffentlichter Form auseinandersetzen muss? Oder bedeutet sie wenigstens, dass jedenfalls der Gesetzgeber auf einen wichtigen Rechtswissenschaftler bzw. eine wichtige Rechtswissenschaftlerin und die von ihm oder ihr aktivierten Autoritäten hören muss, gleichsam wie in einem Gelehrtenstaat nach dem Muster von *Plato*?

Wie aber – so mögen sich die deutschen Kolleginnen und Kollegen fragen – kann man auf solche Grundsatzfragen gerade durch die Beschäftigung mit *österreichischen* Sichtweisen Antworten finden? Die österreichische Strafrechtswissenschaft befindet sich doch in einem akademischen Nährboden des puren Rechtspositivismus von *Hans Kelsen*. „Schlimmer geht's nimmer" mag man vorschnell und geradezu reflexartig urteilen in der deutschen Welt der Rechtswissenschaft: Zumindest im Strafrecht assoziiert man mit *Kelsen* ja sofort einen schnöden Rechtspositivismus übelster Art. Das lernt jeder schon im deutschen Studium. Im deutschen Öffentlichen Recht erlebt das Denken von *Kelsen* immerhin durch die Arbeiten von *Matthias Jestaedt* jedoch zu Recht eine gewisse (Re-)Naissance. *Kelsen* hat nämlich sehr viele Zusammenhänge erkannt, die zumindest im Ansatz auch im deutschen Öffentlichen Recht völlig einleuchten und akzeptiert sind.

Allerdings wird weder in Österreich noch in Deutschland deutlich genug gesehen, dass *Kelsen* die Rolle der Empirie bei den Wissenschaften – und damit auch bei der Rechtswissenschaft – völlig verkennt: Auch nicht-empirisch arbeitende Wissenschaften wie zB die Sprachwissenschaften oder die Theologie sind Wissenschaften und haben andere als empirische Methoden.

Eines wird aber auch der deutschen Rechtswissenschaft auf jeden Fall bewusst gemacht von *Kelsen*: Sie ist weder im Strafrecht noch im öffentlichen Recht oder gar im Privatrecht förmlich an der Gesetzgebung beteiligt. Aus deutscher Sicht mag argumentiert werden: *Auf eine förmliche „Eintrittskarte" kann es doch nicht ankommen? Hat sie nicht gleichwohl ein zumindest politisch-moralisches Anrecht darauf, gehört und berücksichtigt zu werden?* Dabei geht es um eine gänzlich andere Rolle der Wissenschaft als sie gegenwärtig im Zeichen der Corona-Pandemie diskutiert wird.

Fragt man deutsche Juristinnen oder Juristen nach ihrem Selbstverständnis, so wird es diesen wohl gehen wie mir selbst: Als ich in Salzburg im Rahmen von universitätsinternen Diskussionen über strukturierte Doktoratsproramme zum ersten Mal mit der Frage konfrontiert worden bin, ob die Rechtswissenschaft, denn überhaupt eine Wissenschaft sei, war ich verwundert, wie man eine solche Frage überhaupt stellen könne. Erst dadurch wurde ich darauf aufmerksam, dass es schon lange auch in deutschen Landen eine Diskussion darüber gibt.

Für mich gab es dann aber nur einen sinnvollen Weg, diese Frage zu beantworten: Es geht darum, Gemeinsamkeiten und Unterschiede zwischen der Rechtswissenschaft einerseits und den allgemein akzeptierten Vorstellungen von „Wissenschaft“ andererseits zu klären. Dies führte mich schnell zu dem vielleicht banal erscheinenden Erfordernis einer Forschungsfrage.

Teil A: Wissenschaftstheoretische Grundlegung

Für die wissenschaftstheoretische Grundlegung ist erforderlich, dass wir uns klar werden, welche Standards es generell für wissenschaftliches Arbeiten gibt (unten I). Dann ist Raum für die zentrale Rolle der Forschungsfrage bei jeder wissenschaftlichen Arbeit (unten II). Erst jetzt können wir nachvollziehen, was die zentrale Forschungsfrage dieses Beitrags (unten III) bedeutet: Diese ist nämlich darauf gerichtet, die Denkstruktur transnationalen Denkens auf die (Recht-)Philosophie zu übertragen. Dies erfordert zunächst eine Bestandsaufnahme, welche Modelle für Denkstrukturen es im transnationalen Recht gibt (unten IV). Erst dann können wir der Frage nachgehen: Was würde es für die Rechtsphilosophie bedeuten, wenn wir diese Modelle vom transnationalen Recht auf die Rechtsphilosophie von ihrer Funktion her, also funktional, übertragen (unten V). Da dies in allen der untersuchten Fälle zu unakzeptablen Konsequenzen führt, bleibt schließlich nur der Weg zu einem Toleranz-Modell und damit zu einer Lösung über ein Verfahren (unten VII).

I. Wissenschaftstheoretische Standards

„Die" Wissenschaft wird gewöhnlich unterteilt in Gegensatzpaare

- Natur- und Geisteswissenschaften,
- Grundlagen- und angewandte Wissenschaften,
- empirisch und nicht-empirisch arbeitende Wissenschaften,
- normative und nicht-normative Wissenschaften.

Allen solchen Begriffsbildungen liegt nach meiner Wahrnehmung die Annahme zugrunde, dass man jede Wissenschaft *trennscharf* zuweisen kann. Das ist freilich nicht der Fall. So gibt es etwa bei den Politikwissenschaften sowohl empirisch wie auch nicht-empirisch („theoretische Politikwissenschaft") arbeitende Bereiche. Damit wäre sie zugleich eine „Naturwissenschaft", wenn man diese definieren würde als „empirische Wissenschaften".

Die angesprochene Unterscheidung macht also wenig Sinn, wenn man daraus Sachargumente ableiten wollte. Vielmehr zeigt jeder Wissenschaftszweig jeweils beide Teile in jeweils unterschiedlichem Maße. Die Physik ist primär eine empirische Naturwissenschaft, die Philosophie primär eine nicht-empirische Geisteswissenschaft. Aber eben nur „primär"; in zweiter Linie sind sie eben „auch" empirische Geisteswissenschaft (Philosophie) oder nicht-empirische Naturwissenschaft (Physik). Auch bei den Sprachwissenschaften lassen sich empirische Teile identifizieren, wenn man etwa die Linguistik dazu nimmt. Oder im Bereich der Philosophie ist in Österreich etwa eine empirische Philosophie vorherrschend.

Hier zeigen sich gerade zwischen Deutschland und Österreich sehr deutliche Unterschiede. Sie lassen sich mit der gehörigen Vorsicht vielleicht so formulieren: Sämtliche Spielarten und Ausprägungen metaphysischer Ansätze werden in Deutschland gepflegt. In Österreich spielen diese bewusst gerade keine Rolle. Das wird deutlich etwa an der Stellung der Philosophie an der Universität. Entweder gibt es eine Verbindung zur Theologie oder man betreibt die Philosophie rein weltlich, fast naturwissenschaftlich, jedenfalls ohne metaphysische Ansätze. Ins Detail möchte ich hier bewusst nicht gehen, um keine für mich unerhebliche Diskussion zu beginnen.

Wenn ich diesen Begriffen ein weiteres Gegensatzpaar hinzufüge und von einer „Argumentationswissenschaft" spreche, dann ist deren kontradiktorischer Gegensatz zunächst eine „Nichtargumentationswissenschaft". Das wäre inhaltlich einfach aber nichtssagend. Es muss ein Begriff sein, der eben alle „Nichtargumentationswissenschaften" inhaltlich umfasst.

Man könnte sagen: In den empirischen Wissenschaften wird nicht „diskutiert", sondern es wird mit empirischen Mitteln festgestellt, ob etwas so oder anders ist. Das ist so lange machbar, wie es einen feststehenden Wahrheitsbegriff gibt. Das ist aber nicht der Fall.[17]

Die Folgefrage ist wiederum: Was ist „Argumentation“?

In jeder Argumentationswissenschaft geht es darum, bisher noch nicht geäußerte oder gedachte Gedanken zu finden.

Jede Wissenschaft hat Teile einer Argumentationswissenschaft. Bei den Sprachwissenschaften oder der Philosophie liegt das auf der Hand. Auch und gerade bei der Rechtswissenschaft ist dies zu beobachten. Sie ist *normativ*, weil sie sich mit Sollenssätzen befasst. Sie ist *empirisch*, wenn es um die tatsächlichen Auswirkungen rechtlicher Regelungen geht.

Ein sehr gutes Beispiel liefert hier das Strafrecht als Teil der Rechtswissenschaft:

Soweit es um die Auslegung bestehender Strafrechtssätze geht, handelt es sich um eine Argumentationswissenschaft.

Die Kriminologie befasst sich mit den tatsächlichen Voraussetzungen und den Folgen strafrechtlicher Regelungen. Von daher arbeitet man dort vorwiegend empirisch. Ältere Auffassungen sehen Kriminologie und Strafrecht noch als verschiedene

---

17 Siehe *Lagodny/Lagodny*, Law as ‚Argumentative Science‘: Functional Transfer of Basics of Scientific Theory, in: *Ghanayim/Shany* (Eds.) The Quest for Core Values in the Application of Legal Norms, Essays in Honor of Mordechai Kremnitzer, 2021, S. 305, 315–317.

Wissenschaftszweige an. Bereits im Jahre 1881 wurde jedoch die auch heute noch hochangesehene „Zeitschrift für die gesamte Strafrechtswissenschaft“ (ZStW) gegründet. In einem Vorwort „An unsere Leser“ wird im ersten Band im ersten Heft als „Programm“ hervorgehoben, dass die Zeitschrift in erste Linie Strafrecht und Strafprozessrecht, „in zweiter Preßrecht und die strafrechtlichen Hülfswissenschaften“ umfassen solle. Mit letzterem meinte man das, was heute unter „Kriminologie“ zusammengefasst werden kann. Die Zeitschrift solle nämlich „kriminalistisches Centralorgan“ sein.

So besteht also auch die „gesamte Strafrechtswissenschaft“ jeweils aus Gegensatzpaaren: Sie ist normativ und nicht-normativ, Natur- und Geisteswissenschaft. Diese Beispiele ließen sich mehren.

Zutreffend ist, dass „die Rechtswissenschaft“ also keine „reine Argumentationswissenschaft“ ist, sondern eben nur zu einem ganz großen Anteil.

In diesem Sinne möge die Leserschaft auch die nachfolgenden Ausführungen verstanden wissen.

II. Zentrale Rolle der Forschungsfrage für jede wissenschaftliche Arbeit

1. Überblick[18]

Die Grundlage empirischer Wissenschaften wie der Physik oder der Chemie besteht in folgendem Dreierschritt. Dieses Denkmodell geht zentral zurück auf den „Wiener Kreis" in der ersten Hälfte des 20. Jahrhunderts sowie auf *Karl Popper.*

(1) Man stellt eine Forschungsfrage, dann
(2) stellt man eine Hypothese auf, welche die Forschungsfrage beantworten könnte, *und* verbindet dies mit einem durchzuführenden *empirischen* Weg, um diese Hypothese zu bestätigen oder zu verwerfen; und schließlich
(3) diskutiert man die in Schritt (2) gewonnenen empirischen Ergebnisse im Hinblick auf die in Schritt (1) gestellte Forschungsfrage.

Wenn man also wissen will, ob die Beschleunigung eines Körpers überall auf der Erde identisch ist (Schritt 1), stellt man die Hypothese auf, dass dies aus hier nicht zu erläuternden physikalischen Annahmen und zugehörigen Erklärungen der Fall ist, und dies anhand vieler Versuche im „freien Fall"

18 Siehe dazu ausführlich im Detail: *Lagodny/Lagodny*, in: *Ghanayim/Shany* (Fn. 17), S. 307–328 unter Rekurs vor allem auf die grundlegenden Arbeiten von Popper.

empirisch bestätigt wird (Schritt 2). Dies wird dann in Schritt 3 diskutiert.

Dieser Gedankengang in drei Schritten muss auch in den nicht-empirischen Wissenschaften zugrunde gelegt werden. Allerdings muss er sinngemäß angepasst werden.

In den nicht-empirischen Wissenschaften stehen bei Schritt 2 definitionsgemäß keine empirischen Mittel zur Verfügung. In der Rechtswissenschaft ist es genau so. Deshalb empfand ich es als so überzeugend, als mein Salzburg Kollege, *Kurt Schmoller*, in diversen Gesprächen den Begriff der „Argumentationswissenschaft" prägte und betonte: Nicht nur die Rechtswissenschaft, sondern auch die Theologie oder zB die Philosophie seien solche „Argumentationswissenschaften". Auch dort gebe es keine empirischen Belege.

Dieser Gedanke ermöglicht es, die drei Schritte des Modells der empirischen Wissenschaften auf die Rechtswissenschaft zu übertragen.

Schon bei Schritt 1 wird einem bewusst: In der Rechtswissenschaft fehlt es in vielen Schriften und Aufsätzen schon an einer präzise formulierten Forschungsfrage. Die entsprechende wissenschaftstheoretische Forderung ist in der Rechtswissenschaft recht neu und kommt aus Schweden[19]. Soweit es allerdings um die Beantragung von Drittmitteln geht, kann man bereits den Antragsformularen der

DFG entnehmen, dass die Forschungsfrage im Mittelpunkt der Beurteilung steht.[20]

Zu Schritt 2 fällt auf: In der Rechtswissenschaft wird nicht über die Methoden im allgemeinen wissenschaftstheoretischen Sinne diskutiert. Man kennt nur die vier Standard-Auslegungsmethoden (Wortlaut-Auslegung, historische Auslegung, systematische und teleologische Auslegung), die für Europa im 19. Jahrhundert geprägt worden sind und meint, damit bereits Wissenschaft zu betreiben. Wenn man die Wissenschaftlichkeit aus diesen vier (oder noch weiteren Auslegungs"methoden", wie der EU-konformen) ableitet und das Ganze dann mehr verschleiernd als erklärend „Dogmatik" nennt, dann überzeugt das aus wissenschaftstheoretischer Sicht überhaupt nicht.

Mir selbst wurde das bewusst, als ein Manuskript von mir einer Art von „peer review"-Verfahren der anvisierten rechtswissenschaftlichen Zeitschrift unterzogen wurde. Es ging in meinem Beitrag um „Methoden". Im Vorspann erläuterte ich, dass das allgemeine wissenschaftstheoretische Verständnis von „Methode" sehr viel umfassender sei als das auf die

---

19 *Martinson*, Femton förmögenhetsrättsliga forskningsresultat, 2018. Ich danke Herrn Kollegen *Martinson* für seine sehr freundliche Hilfe beim Verstehen seines schwedischen Textes und meinem Salzburger Kollegen *Faber* für die Vermittlung des Kontaktes zum Kollegen *Martinson*.

20 Siehe die Formulare und Merkblätter der DFG (Deutsche Forschungsgemeinschaft), https://www.dfg.de/foerderung/formulare_merkblaetter/index.jsp (1.6.2023).

Auslegungsmethoden beschränkte der Rechtswissenschaft. Der oder die Peer-LeserIn meinte allerdings, diese Erläuterung solle ich doch weglassen. Sie sei nicht „verständlich" oder „nötig". Diese Bemerkung selbst machte es offensichtlich, dass der oder die Peer-LeserIn die Sache gar nicht verstanden hatte.

Bei Schritt 2 geht es in empirischer Forschung um „Wahrheit". Das Äquivalent bei den Argumentationswissenschaften ist – wie noch zu vertiefen sein wird – Überzeugung/Validity. Wenn die relevante Mehrheit „überzeugt" ist, besteht diese „Überzeugung".

In den empirischen Wissenschaften wird im Rahmen von Schritt 2 in aller Regel eine „Theorie" erwartet. Damit kann man die These aus Schritt 1 schon ohne den empirischen Nachweis eben „theoretisch" erklären. Der empirische Nachweis bestätigt dann diese Theorie in der Praxis. Dies scheint dazu zu zwingen, dass man auch in der Rechtswissenschaft eine „Theorie" benötigt, um den Anforderungen der Wissenschaftlichkeit zu genügen. Dies wurde von *Mäntysaari* im Jahr 2017 betont:

> *„Research questions are meaningful only in the context of prior theory. Findings are new only in relation to prior theory. Therefore, you need to study prior theory in order to choose meaningful research questions that may be able to new findings."*[21]

21 *Mäntysaari*, User-friendly Legal Science: A New Scientific Discipline, 2017, S. 51.

Dies überzeugt mich aber nicht.

Man kann vielmehr gegenüberstellen: empirisch und argumentativ arbeitende Teile von Wissenschaften. Dies erfasst eigentlich alles. Man darf nur nicht denken, dass jedes Fach, wie Rechtswissenschaft oder Politikwissenschaft" entweder nur das eine oder nur das andere wären.

Um ein bereits angesprochenes Beispiel zu wählen: Die Politikwissenschaften sind beides. Es gibt die „Politische Theorie", die viel gemeinsam mit der Rechtswissenschaft als Argumentationswissenschaft hat. Und es gibt eine empirische Politikwissenschaft, die etwa in der Politikberatung umgesetzt wird.

Ähnlich finden wir sogar in manchen Teilen von Naturwissenschaften ausgesprochen argumentative, also nicht-empirische Teile. Umgekehrt enthalten auch die Sprachwissenschaften empirische Teile, wenn man etwa an die Linguistik denkt.

Ein weiteres Gegensatzpaar prägt die Diskussion, nämlich die Aufteilung in normative und nicht-normative Wissenschaften. Zentrales Unterscheidungskriterium ist die Beschäftigung mit verbindlichen oder nicht verbindlichen Sollenssätzen. Insoweit ist die Rechtswissenschaft natürlich „die" klassische normative Wissenschaft. Aber auch die Philosophie oder die Theologie befasst sich (in Europa mit staatlich nicht-verbindlichen) Sollenssätzen.

Die Rechtswissenschaft hat ganz sicher mit Sollenssätzen zu tun, die (potenziell) Verbindlichkeit anstreben, und zwar Verbindlichkeit gegenüber allen oder auch nur im Verhältnis zu Teilen, also mit Normen. Die Rechtswissenschaft kann aber eben so sicher keine verbindlichen Normen erzeugen. Das ist eine Grunderkenntnis von *Kelsen.* Diese gilt weit jenseits von nur rechtspositivistischen Ansätzen. Wollte man anderes annehmen und rechtswissenschaftlichen Erkenntnissen abstrakt-generelle Verbindlichkeit, also gleichsam „gesetzesvertretende Normschaffung", zubilligen, dann verließe man den Boden fast jeder existierenden Rechtsordnung. Das wäre entweder der Philosophenstaat von *Platon* oder ein Ausdruck von purer Selbstüberheblichkeit.

Die gerade skizzierten Gedanken zur weiteren Unterteilung alle Wissenschaften lassen sich folgendermaßen in Stichworten zusammenfassen:

Wissenschaften (abzugrenzen von den Nicht-Wissenschaften)

(1) empirisch
    oder
(2) nicht-empirisch (= argumentativ)
    (a) normativ
        (aa) zu verbindlichen Sollenssätzen (auf staatliche Normen ausgerichtete Rechtswissenschaft)
        oder

(bb) zu nicht-verbindlichen Sollenssätzen (zB europäische Theologie; Kirchenrecht für Nicht-Kirchenmitglieder)

(b) nicht-normativ (zB weite Bereiche der Sprachwissenschaften)

Ich lasse mich bei dieser Gliederung leiten von einem Denken in Strukturen, wie es *Fritjof Haft* geprägt hat.[22] Dieses Denken ist zentral bestimmt von Figuren, die in der Datenverarbeitung entwickelt worden sind. Ich halte es auch deshalb für hochaktuell und wichtig. Man kann sicherlich über Details der von mir zugrunde gelegten Struktur streiten und das eine oder das andere verschiedenen Bereichen zuordnen.

Dies wird in der Diskussion oft übersehen. Man hält etwa die Unterscheidung „normativ/nicht-normativ" für entscheidend. Dann übersieht man andere Zweiteilungen und meint etwa, die Unterscheidung empirisch/nicht-empirisch laufe parallel zu der Unterscheidung „normativ/nicht-normativ".

Wenn man sich dies bewusst macht, dann liest man etwa die Schriften von *Kelsen* unter einem anderen Vorzeichen. Ich habe den Eindruck, dass

22 Siehe vor allem: *Haft*, Strukturdenken – der Schlüssel zum erfolgreichen Reden und Verhandeln, 1985. Zur Anwendung dieses Modells auf juristische Methodik einschließlich des Denkens in „Modellen": *Haft*, Einführung in das juristische Lernen, 1. Aufl. 1983 (aktuell 7. Aufl. 2015).

Kelsen genau diese unzutreffenden Parallelisierung von „normativ/nicht normativ" einerseits und „empirisch/nicht empirisch" vornimmt. Doch soll das hier nicht vertieft werden.

Man kann den Begriff der „Argumentationswissenschaft" zunächst nur negativ eingrenzen: Es kommen nur solche Wissenschaften in Betracht, die per se nicht empirisch arbeiten können. Damit scheiden Naturwissenschaften weitgehend aus; nur „weitgehend" deshalb, weil es zB auch in der Physik oder anderen Naturwissenschaften sicherlich Bereiche gibt, die nicht empirisch arbeiten.

Bei Argumentationswissenschaften tritt an die Stelle des empirischen Nachweises die jeweils gesondert zu bestimmende Überzeugung oder Überzeugtheit von einer nicht-empirischen Deutung. Das kann zB in Sprachwissenschaften die Ansicht über eine bestimmte Entwicklung in einer Sprache sein oder in den Geschichtswissenschaften die Ansicht über die Ursachen und Gründe eines bestimmten bedeutsamen Ereignisses (zB Weltkrieg).

Verschiedentlich sieht man die Wissenschaftlichkeit vor allem der Rechtswissenschaft darin, dass man versucht, eine „Dogmatik" zu formen. Man sieht dabei die Herausarbeitung von abstrakt-generellen normativen Standards aus konkret-individuellen Fällen und Fallgruppen als essentiell für die Wissenschaftlichkeit an. Das mag sein, löst aber nicht die dahinter liegende Frage, ob und weshalb die Rechtswissenschaft eine Wissenschaft ist. Hinter der Vorstellung, diese Frage mit dem Hinweis auf „die Dogmatik“ zu lösen, scheint mir die Fehlvorstellung zu stehen, dass die Wissenschaftlichkeit dann feststeht, wenn es „die einzige“ Methode gibt. Das ist unzutreffend. Die Suche nach einer von vielen Methoden beginnt erst dann, wenn die Forschungsfrage steht. Genau dem wende ich mich jetzt zu.

2. Bedeutung der Forschungsfrage für die Methode (nicht umgekehrt)

Dazu müssen wir uns die drei Schritte jeder wissenschaftlichen Arbeit in Erinnerung rufen:

(1) Forschungsfrage
(2) Beantwortung durch theoretische Erklärung und dessen empirischen Nachweis
(3) Diskussion von Schritt 2.

Die Forschungsfrage (Schritt 1) ist essentiell für die Überlegung, welche Methode, die am besten geeignete ist zu ihrer Beantwortung (Schritt 2). Man kann deshalb auch in der Rechtswissenschaft ohne Theorie folgendes sehr vereinfachtes Fragenraster anlegen, wenn man wissenschaftlich mit korrekter Methode arbeitet:

1. Soll die Forschungsfrage empirisch oder nicht-empirisch beantwortet werden?

2. Wenn sie empirisch beantwortet werden soll: greift man auf fremde Daten zurück oder erhebt man eigene?
3. Wenn man eigene Daten erhebt: Auf welche Weise erfolgt das? (zB Interview, Umfrage, etc).

Dass es sehr wenig Sinn macht, zuerst nach der Methode zu fragen und dann die Fragestellung zu formulieren (wenn man diese überhaupt ausdrücklich benennt), kann man sehr deutlich machen in der Rechtsvergleichung (gleichgültig ob Strafrecht oder Privatrecht oder ein sonstiges Rechtsgebiet). Dort diskutiert man aber immer noch, ob es „die" rechtsvergleichende Methode gibt, anstatt umgekehrt zuerst zu fragen:

- *Was* möchte ich erforschen? Das ist nichts anderes als die „Forschungsfrage".
- Und erst dann: *Wie* erreiche ich das? Das ist die Frage der „Methode".

In den empirischen Sozialwissenschaften diskutiert man allerdings auch sehr heftig, ob es einen „Gold-Standard" der Methoden gebe, nämlich Experimente. Damit würde man aber die Menge der Forschungsfragen der Sozialwissenschaften signifikant einschränken[23]

23 *Lagodny/Lagodny*, in: *Ghanayim/Shany* (Fn. 17), Text vor Fn. 25.

3. Forschungsfrage auch ohne „Theorie"

Dass eine Forschungsfrage nur bedeutsam sei im Rahmen einer zuvor entwickelten Theorie, ist jedoch auf keinen Fall überzeugend.[24] Gerade weil es nicht um eine empirische Erklärung geht, muss man nicht über eine „Theorie" erklären, warum ein empirisches Datum so und nicht anders einzuordnen und zu erklären ist. Die „Theorie"-Frage stellt sich erst gar nicht.

Schaut man in die Rechtswissenschaft, so springt ins Auge, dass viel Wert gelegt wird auf eine „Theorie" in der Rechtsdogmatik und auch in Erklärungen des Rechts. Das geht so weit, dass selbst verschiedene Auslegungsmöglichkeiten einer Norm schon als „Theorie" bezeichnet werden und die Wissenschaftlichkeit der Rechtswissenschaft sich daran belegen lässt, dass man mit möglichst vielen „Theorien" hantiert.[25] Das ist ein wissenschaftstheoretischer Fehlgriff in der Diktion und kein Nachweis von Wissenschaftlichkeit im Recht.

---

24 Näher: *Lagodny/Lagodny*, in: *Ghanayim/Shany* (Fn. 17), S. 317 f.

25 Vgl. dazu insgesamt die Beiträge in: *Calliess/Kähler* (Hrsg.), Theorien im Recht – Theorien über Recht, Tagung der Internationalen Vereinigung für Rechts- und Sozialphilosophie (IVR) im September 2016 in Bremen, ARSP-Beiheft 155 (2018).

4. „Überzeugung" als Äquivalent für den empirischen Nachweis

Wenn man das allgemeine wissenschaftliche Modell auf die Rechtswissenschaft funktionell übertragen will, dann muss man vor allem ein Äquivalent für den empirischen Nachweis (Schritte 2 und 3) finden. Zentral für den empirischen Nachweis ist der schon oben[26] erwähnte „Wahrheitsbegriff". Es geht also um eine Äquivalent zu genau diesem Wahrheitsbegriff.

Wahrheit verlangt in aller Regel keine weitere menschliche Wertung. Kein anderer muss davon überzeugt werden. Die Antwort ist „erfahrbar", „wahrnehmbar": Wenn es darum geht, ob ein fester Körper zerbricht, wenn man ihn aus einer Höhe von 10 Meter auf die Erde fallen lässt, kann man dies beobachten und messen. Die Antwort der Empirie ist deshalb in aller Regel nur „ja" oder „nein", ohne dass es auf die Überzeugung oder Entscheidung eines anderen ankommt. Am Ende gilt schlicht: „It is as it is".

Allerdings gibt es auch Grenzfälle. Ob jemand „verrückt" ist oder nicht und die Gesellschaft ihn als „Verrückten" behandelt, hängt bedeutend davon ab, wie die Gesellschaft das „Verrücktsein" definiert.[27]

---

26 Siehe oben A I.

27 Näher: *Lagodny/Lagodny*, in: *Ghanayim/Shany* (Fn. 17), S. 315–317 unter Rekurs auf: *Foucault*, Madness and Civilization. A History of Insanity in the Age of Reason, 1993.

Hiervon hängt es überhaupt ab, ob ein Begriff wie „Verrückstsein“ überhaupt für eine empirische Verifizierung geeignet ist. Doch sind dies zugleich auch Grenzfälle, auf die es für meine Überlegungen hier nicht ankommen kann.

Wenn ich hier also einschränkend „in aller Regel“ formuliert habe, so denke ich an Ausnahmen, bei denen die Entscheidung, ob eine bestimmte Wahrnehmung die Folgerung „ist wahr“ trägt, letztlich unsicher ist.

Dennoch führen empirische Methoden grundsätzlich dazu, dass eine Erklärung „wahr“ oder „nicht wahr“ ist. Nicht-empirische Methoden führen niemals zu diesem Ergebnis. Eine Meinung ist nicht „wahr“. Aber eine Meinung kann entweder überzeugen oder nicht.

Als Äquivalent hierfür kommt in den nicht-empirischen Wissenschaften deshalb nur die „Überzeugung“ in Betracht mit den vielen Folgefragen. Hier seien beispielhaft nur die wichtigsten genannt:

- Wer
  muss
- wovon
  und
- in welcher Form
- wann
  überzeugt sein?

Diese Fragen deuten bereits darauf hin: Die Bildung von Überzeugung ist ein vielschichtiges Problem, das mindestens die folgenden drei Zugangswege bietet:

Wenn man es erstens *juristisch* angeht, kann man beispielsweise auf das in einer Verfassung geregelte Gesetzgebungsverfahren begrenzen. Man kann aber selbst dann, wenn man an juristische Kategorien denkt, die Willensbildung in Personenverbänden denken, etwa in einen Verein oder einer privatrechtlichen Gesellschaft. Denkbar sind zweitens alle andere *organisationssoziologischen* Formen überindividueller Willensbildung. Man kann sich der Frage drittens auch *gruppen-* oder *massenpsychologisch* nähern.

Jeder dieser drei Wege wird verschiedene Antworten liefern. Dies wäre allerdings Stoff für Folgefoschungsprojekte.

Schon jetzt kann als vorläufiges Fazit für den eigentlichen Stoff der Überzeugungsbildung festhalten: Schon die Fragen, von deren Antwort man überzeugt sein muss, sind grenzenlos vielfältig, wenn allein die Wege zu diesen Antworten so vielfältig sind.

Aber auch naturwissenschaftliches Arbeiten enthält argumentative Teile. Die „Diskussion“ in Schritt zwei einer wissenschaftlichen empirischen Untersuchung führt zu einer „Theorie“, aber nur im Hinblick auf den Zusammenhang zwischen empirischem Ergebnis und Forschungsfrage. Dabei wird zB überlegt und diskutiert: Kann der beabsichtigte Versuch überhaupt etwas zur Beantwortung der Fragestellung beitragen?

Ein weiterer Bereich der Argumentation findet sich bei der Deutung der empirischen Ergebnisse für die Forschungsfrage im dritten Schritt. Am Rande: Immer wieder zeigt sich also die Bedeutung der Forschungsfrage

Das ist aber etwa komplett anderes als eine „Theorie" in den Rechtswissenschaften oder eine Argumentation dort. In den Rechtswissenschaften hat man den Bezug zwischen Fragestellung und Empirie nicht – eben weil es keine Empirie gibt.

5. Zusammenfassung: Bedeutung der konkreten Forschungsfrage für die Rechtswissenschaft

Die Forschungsfrage hat für rechtswissenschaftliches Arbeiten eine ähnliche Bedeutung wie die Frage des „Regelungszwecks" bei der Grundrechtsprüfung oder des „Zwecks" einer Strafnorm, mithin nach deren „Rechtsgut": Bestimmt man den Zweck in einem sehr weiten Sinne, dann führt dies tendenziell zu einer eher „groben" und weitmaschigen Prüfung. Wird der Zweck eng bestimmt, bekommt man hingegen eine eher feine und „engmaschige" Prüfung.

Diese Zusammenhänge sind wissenschaftlich eher banal, aber enorm wichtig, weil sie das weitere Vorgehen und vor allem die weitere Diskussion bestimmen.

Es gibt bislang noch keinen „common sense", was in der Rechtswissenschaft eine Forschungsfrage ist und was nicht. Man kann wohl nicht so weit gehen, dass man jede umstrittene Rechtsfrage zugleich zu einer Forschungsfrage erhebt. Man muss hier aber gleichwohl auf „gut Juristisch" einwenden: Es kommt darauf an, was sich hinter einer scheinbar einfachen Rechtsfrage an zB Grundsätzlichem verbirgt.

Es gibt auch zwei Standardeinwände gegen eine gewählte Forschungsfrage. Sie kann entweder „zu eng" oder „zu weit" sein. Diese beiden Möglichkeiten sieht man immer vor sich, wenn man über ein bestimmtes rechtswissenschaftliches Projekt diskutieren möchte. Wenn diese Einwände vorgebracht werden, muss man sich als Projektleiter oft fragen, was mit diesen Einwänden in der Sache eigentlich überhaupt gemeint ist.

Ich denke, man muss Gesamtfragestellungen und Detailfragestellungen unterscheiden. Das mag banal klingen. Es hilft aber wirklich bei der Strukturierung eines Projekts, etwa wenn man in „Gliederungsebenen" der „Gliederungsfunktion" von WORD® denkt. Dies zwingt automatisch zur ausdrücklichen Formulierung der „eigentlich" untersuchten Forschungsfragen.

III. Forschungsfrage dieses Beitrags

1. Bestehen rechtsphilosophischer Konkurrenzen und Kollisionen

Die zentrale Forschungsfrage dieses Beitrags lautet:

> *Gibt es weltweit für verpflichtend erachtete inhaltliche Vorgaben der Philosophie für das (Straf-)Recht?*

Dieser Frage liegt eine durchaus „deutsche“ Denkweise zugrunde, weil in der deutschen Strafrechtswissenschaft oft aus einer philosophischen Grundeinstellung das „ideale“Strafrecht abgeleitet wird. Ein Musterbeispiel hierfür ist das Lehrbuch von *Köhler* zum Allgemeinen Teil[28]. Er stellt zunächst aus der Sicht *Hegels* dar, wie das Strafrecht auszusehen hat, um dann Schlussfolgerungen für das geltende Recht zu ziehen. In ähnlicher Weise wird auch die Rechtsphilosophie von *Immanuel Kant* bemüht.

Schon in Österreich wird eine solche Vorgehensweise nicht praktiziert, weil man hier bereits die Philosophie ganz anders betreibt und zB metaphysische Ansätze weitgehend ausblendet. Gerade im Recht wird die Rolle der Wissenschaft im Anschluss an *Kelsen* vor allem im österreichischen öffentlichen Recht völlig anders gesehen.

Wenn es aber keine weltweit akzeptierte Philosophie bzw. Rechtsphilosophie gibt, dann stellt sich

28 *Köhler*, Strafrecht, Allgemeiner Teil, 1997.

aus transnationaler Sicht die Frage: Wie geht die Philosophie bzw., die Rechtsphilosophie mit dem Problem konkurrierender und/oder kollidierender philosophischer bzw. rechtsphilosophischer Konzepte um?

Um den dahinter stehen Gedankengang wenigstens an einem ganz konkreten Beispiel zu erläutern: Wie geht die heutige (Rechts-)Philosophie damit um, dass sich das Konzept von *Kant* mit der Menschenwürde und ein hinduistisches Konzept fundamental unterscheiden? Hier stehen sich nämlich gegenüber: ein Rechtskonzept, das auf Individualrechten und auf der Menschenwürde fußt, nämlich als Beispiel die Konzeption der Grundrechte des deutschen Grundgesetzes[29] Dieses kontrastiert völlig mit einem hinduistischen oder einem konfuzianistischen Ansatz, der gar keine Individualgrundechte kennt.

Wenn man aber keine Individualgrundrechte kennt, sondern nur etwa „Gruppenrechte“, also vom Individuum völlig unabhängige Rechte, um damit einen in der Diskussion hoffentlich unbenutzten Begriff zu verwenden; dann kann es keine Menschenwürdegarantie als individuelles Recht geben. Ein Menschenwürdekonzept auf der Grundlage der Rechtsphilosophie von *Kant* wäre also zB dem Hinduismus und allen darauf aufbauenden rechtphilosophischen Konzeptionen völlig fremd. Es handelt sich

29 Dazu eingehend *Enders*, Die Menschenwürde in der Verfassungsordnung, Zur Dogmatik des Art. 1 GG, 1997.

bei *Kant* und einem hinduistischen Ansatz also um kontradiktorische Gegensätze. Anders ausgedrückt: Größer kann der Gegensatz nicht sein.

Dieses Beispiel ist nur eines von vielen: Ein Rechtskonzept, das etwa auf dem Islam und seiner Denkweise aufbaut, widerspricht dem europäischen Menschenwürdekonzept, wie es zB durch Art. 3 der EMRK zum Ausdruck kommt, völlig. Schon die Möglichkeit von Körperstrafen ist aus europäischer Sicht völlig inakzeptabel. Dem islamischen Verständnis liegt aber eine verbindliche Gottesvorstellung zugrunde, die von islamischen Priestern verbindlich interpretiert wird. Nach dieser sind Körperstrafen ausdrücklich vorgesehen.[30]

Deutlicher kann man die beispielhafte Kollision zwischen dem Denken von *Kant* und allen darauf beruhenden Konzeptionen einerseits und dem Denken im Islam andererseits nicht aufzeigen. Diese beiden Konzeptionen kollidieren also völlig.

Ähnliches dürfte für die Konzeption von *Kant* einerseits und fernöstlichen Ansätzen im Hinduismus oder Konfuzianismus andererseits gelten: Rechte des einzelnen als solche, also Individualrechte, sind diesen völlig unbekannt.

---

30 Vgl. ausführlich: *Werner*, Die Umsetzung des klassischen islamischen Strafrechts in der Islamischen Republik Iran, 2021, S. 17 ff., 24 ff. und passim.

Das mag man bekämpfen wollen oder auch nicht.

Das mag man ändern wollen oder auch nicht.

Das mag man bedauern wollen oder auch nicht.

Es ist eben so.

Diese verschiedenen philosophischen Konzepte widersprechen sich also. Im transnationalen Rechtsdenken bezeichnet man so etwas als „Kollision". Diese Kollision muss aufgelöst werden.

Man könnte dagegen einwenden, dass es eben diese Kollision gibt, dass die Konzepte eben nebeneinanderstehen. Das ändere aber - so dieses hypothetische Argument weiter - nichts daran, dass *Kant* (Hegel, oder jeder andere Philosoph) eben *Kant* (Hegel, oder jeder andere Philosoph) ist und bleibt. Daran ändere weder der Hinduismus noch der Konfuzianismus noch eine sonstige Konzeption etwas.

Ein Problem löst man aber nicht dadurch, dass man es ignoriert.

Es sei, so mag man weiter argumentieren, doch völlig klar, dass sich diese Konzepte (zB *Kant* und Hinduismus) teilweise konträr gegenüberstünden. Eine solche Überlegung wäre aber voll mit inneren Widersprüchen. Das wäre wiederum völlig unvereinbar mit westlichem Denken. Widersprüchlichkeiten können da nicht geduldet werden. Das man Widersprüchlichkeiten im Hinduismus akzeptiert, ist dann wiederum ein Widerspruch, mit dem man in Europa gar nicht zu recht kommt.

Deshalb bleibt nur der Weg, einen irgendwie gearteten weltweiten Kompromiss zu finden. Die zentrale weitere *Forschungsfrage* lautet daher

> *Kann man die Kollision rechtsphilosophischer Konzepte auflösen, wenn man die Denkstrukturen des transnationalen Rechts auf die Rechtsphilosophie übertragen würde?*

Es geht hier also allein darum, ob man die Denkstruktur, die man für die Lösung transnationaler Rechtsfragen erarbeitet hat, von ihrer Funktion her auf die Rechtsphilosophie übertragen kann und soll. Keineswegs soll im Folgenden etwa ein weiteres philosophisches Gedankengebäude gesucht werden, das dann gewissermaßen „über" den bestehenden stehen müsste. Schon der Gedanke daran kommt einer Anmaßung gleich. Deshalb frage ich nur nach der Übertragbarkeit der Denkstrukturen.

Um diesen Gedankengang zu verdeutlichen: Im transnationalen Recht ist man es gewohnt, dass für ein und dieselbe Rechtsfrage sich widersprechende Antworten gefunden werden. Das ist in Ordnung so. Das ist man gewohnt. Man muss die Widersprüche deshalb auflösen.

Ganz anders denkt man hingegen in der Rechtsphilosophie. Jeder Ansatz beansprucht weltweite Geltung und „duldet" keinen Kompromiss. Der Anspruch auf Weltgeltung muss gegen andere Ansätze verteidigt werden, die ebenfalls Weltgeltung beanspruchen. Deshalb ist zB ein Kompromiss undenkbar in der Rechtsphilosophie: entweder so oder so; kein Mittelweg.

Als wesentlich hierfür wird sich herausstellen, dass Recht vielfach in seiner Verbindlichkeit beschränkt ist auf ein bestimmtes Territorium oder auf einen bestimmten Wirkungsbereich. Hintergrund sind Kollisionen und Konkurrenzen zweier oder mehrerer Rechte. Für das transnationale Recht ist es Alltag, solche Kollisionen und Konkurrenzen aufzulösen.

Die nachfolgenden Überlegungen werden sich also vor allem darum drehen, inwiefern ein bestimmter rechtsphilosophischer Ansatz ähnlichen oder wenigstens vergleichbaren Beschränkungen unterliegt.

Dabei ist völlig klar, dass ein bestimmter rechtsphilosophischer Ansatz keinen „Geltungsbereich" im Sinne von staatlichen oder sonstigen Normen hat. Rechtsphilosophie ist „enträumlicht", um einen Begriff von *Stephan Kirste* zu gebrauchen.[31]

Am Ende dieses Abschnitts sei dann die Frage aufgeworfen, ob man bei einer nicht-empirischen

---

31 *Kirste*, Die Verrechtlichung der Welt bei Kant. Politischer Raum und politische Zeit nach der Idee des Ewigen Friedens, Zeitschrift für Menschenrechte 17 (2023), S. 25. *Zichy*, Das westliche Menschenbild: Hegemonie und Alternativen, in: Zichy (Hrsg.), Handbuch Menschenbilder, 2022, S. 1 ff., 20: Der Universalismus sei ein spezifisch westliches Problem.

Wissenschaft überhaupt eine präzise Forschungsfrage aufwerfen kann, die nur so und nicht anders formuliert werden kann. Wenn man sich nämlich überlegt, worin bei einer rechtswissenschaftlichen Arbeit eine Forschungsfrage bestehen kann, ist man versucht, diese in jedem einzelnen Rechtsproblem zu sehen. Das kann aber nicht zielführend sein, weil es zu einer inhaltsleeren Atomisierung des Gegenstands der Rechtswissenschaft führt. Eigentlich ist die Formulierung von Forschungsfragen vielmehr ein Prozess, ein Verfahren, weil man sich bei der Arbeit ständig fragen muss, worin „die" Forschungsfrage denn besteht. Das bedeutet nicht, dass diese beliebig ist, sondern dass diese ständig überprüft und angepasst werden muss. Das ist das „Verfahren".[32]

Die soeben aufgezeigten Modelle sind dem transnationalen Recht entnommen. Sie können der „Lösungsvorrat" für Konflikte und Kollisionen von philosophischen Konzepten sein. Über die oben schon angedeuteten Aspekte hinaus sollen diese Modelle „durchgeprüft" werden: Inwieweit kommen sie für das hier anstehende Problem einer weltweit akzeptierten Kollisionslösung in Betracht?

Es genügt für meine Zwecke also aufzuzeigen, dass jedenfalls zwei solcher Ansätze nicht gleichzeitig einen Anspruch auf Akzeptanz erfüllen können, wenn und soweit sie sich widersprechen.

---

32 Diesen wichtigen Hinweis verdanke ich Frau *Ascanelli* in einem Salzburger Doktorandenseminar im WS 2022/23.

Man muss folglich nicht *positiv* aufzeigen, dass zwei oder mehr Ansätze

- übereinstimmen oder
- im Wesentlichen übereinstimmen oder
- nicht übereinstimmen.

Es genügt der Nachweis oder Beleg, dass mindestens zwei Ansätze sich in einem zentralen Punkt so widersprechen, dass sie logischerweise nicht nebeneinander bestehen können.

Das ist letztlich der Ansatz von *Popper*, wonach man eine These nicht positiv bestätigen muss, es genügt, sie nicht falsifizieren zu können. Diese Überlegung ist freilich nur auf der Basis eines westlichen Denkens stimmig. Man scheint etwa im Hinduismus mit Widersprüchen leben zu können. Das habe ich in persönlichen Gesprächen erfahren. Doch kann ich diesen Aspekt der Problematik nicht weiter verfolgen, weil ich dafür viel zu detailliert in die Welt des Hinduismus einsteigen müsste.

Es gilt also zu bestimmen, was ein „zentraler Punkt" ist und was ein „Widerspruch" ist. Dies erscheint mir relativ einfach: *Die Konzeption Kants von der Menschenwürde des Individuums kann nicht gleichzeitig weltweit neben einem Konzept bestehen, das keine von anderen „Einheiten" (die „Allgemeinheit"; eine Religionsgesellschaft) unabhängigen Individualrechte kennt.* Weder der Hinduismus noch der Konfuzianismus kennen solche. Im Islam gibt es nur von Gott (Allah) gewährte Rechte. Diese dürfen nur von islamischen Priestern, nicht aber von Laien ausgelegt werden.

> *Damit besteht eine Konkurrenz dieser Konzepte. Dies muss entweder aufgelöst oder akzeptiert werden. Eine Auflösung erscheint mir unmöglich. Also bleibt nur die Akzeptanz.*

Damit stellt sich die Folgefrage: Was wird unter welchen Bedingungen akzeptiert?

Die Modelle sind dem transnationalen Recht entnommen. Sie können der „Lösungsvorrat" für Konflikte und Kollisionen von philosophischen Konzepten sein. Über die oben schon angedeuteten Aspekte hinaus sollen diese Modelle „durchgeprüft" werden: Inwieweit kommen sie für das hier anstehende Problem einer weltweit akzeptierten Kollisionslösung in Betracht?

Der Eigenwert oder Neuwert meiner Herangehensweise besteht darin: In der Philosophie und in der Rechtsphilosophie stellt man gar nicht die Frage: Wo oder wie weit ist eigentlich „meine Philosophie" akzeptiert oder „gültig" oder „verbindlich"? Eine solche Frage ist geradezu blasphemistisch und unziemlich. Natürlich „gilt" jede Philosophie „weltweit" und trägt diesen Anspruch stolz vor sich her. Im transnationalen Recht und der Rechtsvergleichung steht eine solche Frage jedoch an erster Stelle.

Eine durchaus vergleichbare Problematik hat *Michael Bohlander* von der Universität Durham thematisiert: Welches Recht und welche Rechtsprinzipien gelten bei Angriffen von außerirdischen Wesen aus dem Weltall?[33] Das ist zwar momentan und hoffentlich auch zukünftig eine nur theoretische Fragestellung. Sie verlässt aber gedanklich die „Struktur" (im Sinne von *Fritjof Haft*) der Erde und muss eine Gliederungsstufe höher gehen und vom Weltall her denken. Sie muss letztlich dieselben Fragen behandeln, um die es auch hier geht.

2. Was ist mit „Struktur" transnationalen Denkens gemeint?

Unter „Struktur" verstehe ich den inneren Zusammenhang zwischen den wesentlichen Elementen und Konzepten transnationalen Denkens.

Dies setzt voraus, dass man Konzepte wie

- Souveränität
- Kollision und Konkurrenz von verschiedenen Souveränitäten
- oder
- gegenseitige Toleranz und Akzeptanz

sinngemäß auf die Rechtsphilosophie und die Philosophie übertragen kann. Das setzt voraus, dass

---

33 Siehe dazu *Bohlander*, Contact with Extraterrestrial Intelligence and Human Law. The Applicability of Rules of War and Human Rights, 2023.

man nicht in Rechtsgebieten denkt. Diese sind jeweils eine nationale Besonderheit. Denn jede nationale Rechtsordnung hat „ihre“ Aufteilung des gesamten Rechtsstoffes in weitere Teilgebiete. Das mag aus je nationaler Sicht befremdlich erscheinen. Aber was in der einen Rechtsordnung strikt zum Verwaltungsrecht gehören mag, ist in der anderen Rechtsordnung eben zumindest „auch“ Strafrecht. Das deutsche Ordnungswidrigkeitenrecht und das österreichische Verwaltungsstrafrecht liefern hierfür viel Diskussionsstoff. Ähnlich dürfte es mit der Figur des Strafschadensersatzes sein: Ist das „noch“ Zivilrecht oder „schon“ Strafrecht?

Auch hier hilft das transnationale Denken weiter: Meine Vorlesung zum „Transnationalen Straf- und Strafverfahrensrecht“ habe ich nach dem zivilrechtlichen Frageschema gegliedert: „WER will WAS von WEM?“ Damit konnte ich die gesamte Vorlesung strukturieren. Man muss zwingend offen sein für solche dogmatischen „Transfers“. Man verbaut sich geradezu viele Lösungswege, wenn man durch eine Zuordnung zu einem bestimmten Rechtsgebiet solche Lösungen viel zu früh ausscheidet, die der nationalen Aufteilung widersprechen. Dann erkennt man nicht, dass es auf diese nationale Einteilung gerade *nicht* ankommt. Das ist ein ganz deutliches Beispiel für „Strukturdenken“. Mich hat darin vor allem die

Arbeit an einem Modell des „international-arbeitsteiligen Strafverfahrens" geschult.[34]

Dies impliziert geradezu zunächst absurd erscheinende Fragen wie etwa:

Ist die Philosophie von *Immanuel Kant* auf Europa und Nordamerika beschränkt? „Gilt" sie nur hier? Ist das Konzept von *Jürgen Habermas* ähnlich beschränkt? Und ist die Sichtweise von *Hans Kelsen* nur in Österreich „gültig"? Wenn ja: auf das österreichische Kaiserreich in den Grenzen bis 1918 oder das heutige Österreich der 2. Republik? Solche Fragen ließen sich mannigfaltig formulieren.

Und das Kopfschütteln würde immer heftiger. Natürlich ist weder *Kant* noch *Habermas* auf bestimmte Staaten beschränkt. Natürlich „gilt" die Sichtweise von *Hans Kelsen* nicht nur in Österreich. Das Problem der Kollision und der Konkurrenz bleibt aber bestehen.

Das wird noch deutlicher, wenn man die soeben formulierten Fragen zB aus hinduistischer oder buddhistischer Sicht sieht und sie aus westlicher Sicht beantworten möchte: Wo kämen wir denn hin, wenn die hinduistische Sichtweise in Europa verbindlich wäre? Aber so lautet die Frage nur aus einer umgekehrten Sicht. Und schon ist es eine Zumutung? Das zeigt, wie sehr wir auf die europäische Sichtweise

---

34 *Schomburg/Lagodny*, Internationale Rechtshilfe in Strafsachen, 6. Aufl. 2020, Einleitung (S. 1–59).

fixiert sind. Wir sind nicht einmal bereit, eine andere Sichtweise überhaupt zuzulassen.

Das ist genau diese Denkweise, lieber Leser und liebe Leserin, vor der ich Sie schon ganz zu Beginn meines Beitrags gewarnt habe. Die Strukturen im transnationalen Recht lehren uns genau das: Es kann an jedem Platz der Erde anders sein oder gar genau gegenteilig. Oder überhaupt nicht vergleichbar. Wenn wir uns diesen Zusammenhang nicht verdeutlichen, huldigen wir einem geistigen Kolonialismus nach dem Motto: *Unser europäisch/westliches Denken ist von Natur aus besser.*

Das überzeugt mich überhaupt nicht.

Wir müssen uns also folgenden Fragen stellen: Was ist unter „Konkurrenz" von philosophischen Konzepten zu verstehen und wie löst man sie auf? Dieselben Überlegungen muss man anstellen zum „Konflikt" von Rechtsordnungen. Wie ist ein „Konflikt" von philosophischen Konzepten aufzulösen?

Ich denke, damit ist hinreichend dargelegt, dass sich das Thema der Konkurrenz bzw. der Kollision philosophischer Konzepte unbedingt stellt und beantwortet werden muss.

Alles andere würde bedeuten: den Kopf in den Sand stecken und vor allem unwissenschaftlich sein. Einen Konflikt bekommt man nicht dadurch gelöst, dass man nur argumentiert, er stelle sich nicht. Die vorstehend genannten Überlegungen zeigen vielmehr, dass man dem Problem gerade nicht ausweichen kann.

Freilich liegen die Einwände scheinbar nahe, dass

(1) philosophische Konzepte nur solche des Denkens sind und Denken keine Grenzen kenne
(2) Und schließlich gilt das erst recht für die Bereiche der Logik und der Mathematik.

Auf diese beiden Punkte werde ich später noch eingehen.

Die Kernfrage für philosophische Konzepte im Lichte transnationalen Denkens ist aber unabhängig hiervon jeweils: Was ist das Pendant oder die funktionale Entsprechung zur territorialen Souveränität, zur Konkurrenz, zur Toleranz etc aus dem transnationalen Denken in der Philosophie? Auf diese Aspekte werden die nachfolgenden Überlegungen auf verschiedenste Weise eingehen. Denn die territoriale Souveränität ist ein, wenn nicht sogar „der" Aspekt aus dem transnationalen Denken, der dort eine zentrale Rolle spielt.

Es ist völlig ungewöhnlich, solche Fragen zu stellen. Aber es wäre erstens unwissenschaftlich, sie nicht zu stellen. Wenn sie sich einfach beantworten lassen, weil die Antwort keinen Aufwand mit sich bringt, belegte dies nur die Banalität der Fragen.

Man kann sie zweitens auch für unmaßgeblich erachten, indem man auf die Mathematik oder auf die Logik verweist. Hier – so das Argument – stellten sich die Fragen von Konkurrenz und Konflikt nicht. Deshalb stellten sich diese Fragen auch in anderen „Bereichen" der Philosophie nicht. Dieser Schluss wäre wenig überzeugend, weil man zB die Mathematik und die Logik einfach anders behandeln muss als zB eine Moralphilosophie. Wie noch darzulegen sein wird, sind die Sätze der Logik oder der Mathematik weltweit dieselben. Für sie gälte also – transnational gedacht – ein uneingeschränktes Universalitätsprinzip. Dieses ist auch im Bereich des transnationalen Strafrechts nicht unbekannt und sogar nachdrücklich von (fast) allen Staaten gewünscht, etwa beim Völkerstrafrecht und seinen Delikten.

Eine dritte Möglichkeit bestünde darin, die Konkurrenzen und Konflikte als solche anzuerkennen, aber stehen zu lassen. Juristisch gedacht, wäre dies die Verweigerung einer Entscheidung oder zumindest einer Lösung. Man kann auch sagen: Das wäre die Vermeidung von Lösungen. In der Terminologie der Rechtsschutzgarantie nach Art. 19 Abs. 4 GG wäre dies eine „Rechtsschutzverweigerung".

Eine weitere (vierte) Möglichkeit wäre etwa, auf den Unterschied zwischen philosophischen Sätzen und Rechtssätzen abzuheben. Nur letztere „gelten" für eine bestimmte Gesellschaft oder eine bestimmte Rechtsordnung. Philosophische Sätze „beanspruchen" höchstens zu gelten, sie „gelten" aber nicht. Wird dieser Anspruch nicht erfüllt, dann kommt ihnen diese Wirkung eben nicht zu. Dies ist auch der zentrale Grund, weshalb ich hier nur von „funktionaler Entsprechung“ reden kann. Man kann auch von „Enträumlichung“ sprechen[35].

Freilich entsteht genau aus der Nichtgeltung das Folgeproblem, dass man eigentlich auch nicht von einer „Konkurrenz“ sprechen kann. Aber zu einer Konkurrenz oder Kollision kommt es auf jeden Fall, wenn man zB den Wert des Lebens und die Einstellung zur Todesstrafe andererseits anschaut. Hier bestehen nicht nur Normkonflikte zB zwischen den USA und Europa. Hinter diesen stehen auch kollidierende philosophische Konzepte.

Schließlich kann man fünftens jede Parallele zwischen philosophischen Konzepten und der territorialen Souveränität ablehnen. Man könne nicht Äpfel und Birnen vergleichen. Das aber wäre wohl nichts anderes als den Diskurs zu verweigern. Das soeben erwähnte Todesstrafen-Beispiel verschwindet dadurch nicht. Und die Beispiele lassen sich mehren.

3. Was ist „funktionale Übertragung von Modellen“?

Unter „funktionaler Übertragung“ verstehe ich deshalb die Übertragung nur und allein der Funktion dieser Modelle, ohne Rücksicht auf sonstige Gegebenheiten und Üblichkeiten. Vor allem kommt es – wie betont – nicht auf die Einordnung eines bestimmten Rechtsgedankens oder -prinzips in ein be-

35 *Kirste* (Fn. 31).

stimmtes nationales Rechtsgebiet an. Das liegt schon daran, dass diese Einordnung eine je nationale ist.

Deshalb frage ich auch nur, welche Aufgabe oder Funktion ein bestimmter transnationaler Rechtsgedanke im Gesamtbereich des transnationalen Rechts übernimmt. Ob und wie dieser Rechtsgedanke im Einzelnen in den jeweiligen nationalen Rechtsordnungen umgesetzt wird, ist überhaupt nicht relevant. Denn ich höre jetzt schon wieder österreichische Verwaltungsrechtler oder Verfassungsrechtler vortragen: „Das gehört aber zum Verwaltungsrecht, nicht zum Strafrecht!". Ich muss eingestehen, dass ich in dieser Hinsicht geschädigt bin. Das ist wohl in der Tat so. Ich kenne das aber auch im Strafrecht: Rechtsphilosophie habe nichts mit Strafrecht zu tun, musste ich mir in einer universitätsinternen Veranstaltung entgegenhalten lassen. Das war und ist mir unverständlich.

Dann wird auch verständlich, warum man die Kategorien „Zivilrecht" und „Öffentliches Recht" nicht braucht und schon gar nicht einander gegenüberstellen darf. Das wird besonders virulent bei mehrdimensionalen transnationalen Rechtsbeziehungen im transnationalen Konzernrecht.[36]

---

36 Siehe dazu *Lagodny*, Konstellationen transnationaler Strafverfolgung von Konzerngesellschaften, in: *Joerden/Schmoller* (Hrsg.), Rechtsstaatliches Strafen, Festschrift für Keiichi Yamanaka zum 70. Geburtstag am 16. März 2017, 2017, S. 575 ff.

Eng damit zusammen hängt die Abgrenzung zwischen den Rechtsgebieten des Zivilverfahrens und des Strafverfahrens. Ganz augenscheinlich wird diese im US-Recht: Das gerichtliche Zivilverfahren und das Strafverfahren haben in den USA dieselben verfassungsrechtlichen Wurzeln.

Das Gewaltenteilungsprinzip wird in Deutschland rein materiell verstanden. Danach können Verwaltungsbehörden materiell durchaus rechtsprechungsähnliche Funktion übernehmen, wie etwa im deutschen Ordnungswidrigkeitenverfahren: Eine Verwaltungsbehörde erlässt einen Bußgeldbescheid. Dieser kommt von seiner Wirkung her einer gerichtlichen Verurteilung gleich, wenn der Adressat nichts dagegen unternimmt. Legt er jedoch ein Rechtsmittel gegen den Bußgeldbescheid ein, so kommt es zu einem ganz normalen gerichtlichen Strafverfahren. So ist die Konstruktion des deutschen Ordnungswidrigkeitenverfahrens. In Österreich wäre dies absolut undenkbar wegen des so genannten „Trennungsgrundsatzes" in Art. 94 B-VG. Dieser ist ebenfalls eine Ausprägung des Gewaltenteilungsprinzips, aber eben eine rein formelle. Sie knüpft nicht am Inhalt des Staatshandelns an, sondern allein an der Behörde, die handelt.[37]

Sie war für mich zum Teil überhaupt nicht einleuchtend. Ich konnte zwar bei Vielem nachvollziehen, dass zB das Verwaltungsrecht in Österreich

37 Näher *Lagodny*, Strafrechtswelten (Fn. 16), S. 147 ff.

historisch so und nicht anders aufgeteilt wird. Mit Gründen aus der jeweiligen Sache, also mit Sachgründen, hat das aber nichts zu tun. Das ist aber auch in Deutschland so. Man denke an die nicht einleuchtende Aufteilung in „Römisches Recht"/ „Rechtsgeschichte"/„Rechtsvergleichung" im Privatrecht. Rechtsgeschichte und Rechtsvergleichung gibt es in allen Rechtsgebieten. Und das Römische Recht mag in unseren Breitengraden eine doch bedeutende Rolle gespielt haben. Aber das ist heute anders.

Die transnationale Sicht macht einem weiter die Modellierfreiheit bewusst, die man als jemand hat, der sich mit juristischen Fragen befasst.[38] Meine eigene Erfahrung vor allem im Max-Planck-Institut zur Erforschung von Kriminalität, Sicherheit und Recht, Freiburg i. Br. Unter der seinerzeitigen Direktorenschaft von *Albin Eser* hat mir dies gezeigt. Das Institut hieß bis 2020 noch „[...] für ausländisches und internationales Strafrecht". Es hatte zwei Abteilungen: Strafrecht aus aller Welt und Kriminologie. Von daher bin ich es gewohnt, auch in verschiedenen rechtlichen Modellen zu denken. Denn die weltweite Vielfalt verschiedenster rechtlicher Regelungen ist fast unerschöpflich. Als Extremfall ist mir hier aus einem Referat von *Jens Watzek* im Doktorandenseminar am MPI ein Unterschied zwischen englischem und deutschem Recht in Erinnerung:

38 *Haft*, Juristisches Lernen (Fn. 22), S. 34–38.

Bei einer Geldbuße wird kein rechtfertigender Notstand anerkannt. Eine Lösung sieht das ausländische Recht in der Weise vor, dass der Verantwortliche zwar schuldig gesprochen wird, aber der Staat die Geldbuße bezahlt. Aus deutscher Sicht ist das eine Lösung des „OB" der Sanktionierbarkeit über das „WIE" der Sanktion. Das widerspricht so ziemlich allen Vorstellungen von deutscher Sanktionsdogmatik.[39]

Aber daran erkennt man, dass selbst so „einfach" erscheinende rechtliche Phänomene wie Notstandssituationen rechtlich völlig verschieden gelöst werden können. Noch viel deutlicher ist der Unterschied zwischen dem anglo-amerikanischen common law und dem europäisch-kontinentalen Recht. Jenes ist völlig geprägt von verfahrensmäßigen Lösungen, dieses pocht auf materiellrechtliche Entscheidungen.

Mit dem hier favorisierten „Prinzip des Modellbaus" aktivierte *Fritjof Haft* seinerzeit Erkenntnisse aus der Datenverarbeitung. Die juristischen Gesetze und die sie ergänzenden dogmatischen Lehrsätze sind nach *Haft* aus Computersicht schlichte „Modelle der Wirklichkeit, die zunächst in ihren Tatbestän-

---

39 Vgl. dazu *Watzek*, Rechtfertigung und Entschuldigung im englischen Strafrecht, 1997, vor allem S. 335 f. zu Korrekturmechanismen auf Strafzumessungsebene. Vgl. generell: *Mansdörfer* (Hrsg.), Die allgemeine Straftatlehre des common law. Eine Darstellung unter besonderer Berücksichtigung des englischen Strafrechts, 2005.

den zum Vergleich mit anderen, konkreteren Einzelfallmodellen (Sachverhalten) und damit zu Einzelfallentscheidungen dienen sollen".[40] Die Dogmatik füge weitere Modelle wie „Unrecht" und „Schuld" hinzu. Aber die Modelle seien notwendigerweise immer ungenau: „Analytisch exakte Modelle können wir nicht bilden."

Mit dem Konzept der „Modellierfreiheit" erklärt *Haft*[41] vor diesem Hintergrund das Prinzip des Modellbaus als eine Freiheit, die indes nicht grenzenlos sei. Man müsse vor allem auf allen Abstraktionsebenen einen Ähnlichkeitsvergleich durchführen. Er illustriert dies anhand des seinerzeit (1983) gerade im Abklingen befindlichen strafrechtsdogmatischen Streit, ob der Vorsatz zu Unrecht, zur Schuld oder zu beidem gehört.[42]. Er weist ausdrücklich darauf hin, dass es auch nach neuen Erkenntnissen der Rhetorik keine „neutralen" Aussagen gebe[43]. Treffend formuliert er mit einer Spitze gegen den Positivismus zur Wende vom 19. in das 20. Jahrhundert: *„[A]uch der normale Mensch kann nicht neutral reden. Niemand kann es."*[44]

Vor diesem Hintergrund möchte ich nachfolgend aus dem gesamten transnationalen Recht Modelle

---

40 *Haft*, Juristisches Lernen (Fn. 22), S. 30 zu „3. Das Prinzip des Modellbaus" (S. 28–49).

41 *Haft*, Juristisches Lernen (Fn. 22), S. 34–38.

42 *Haft*, Juristisches Lernen (Fn. 22), S. 34.

43 *Haft*, Juristisches Lernen (Fn. 22), S. 34–38, 37/8.

44 *Haft*, Juristisches Lernen (Fn. 22), S. 34–38, 38.

herausarbeiten, die für die Lösung von rechtsphilosophischen Kollisionen und Konkurrenzen herangezogen werden können.

IV. Internationale Modelle

Es geht deshalb nachfolgend um internationale Modelle von Denkstrukturen weltweiter Akzeptanz. Sachlich betroffen sind Rechtsfragen des transnationalen Rechts und ihre Eignung zur Lösung rechtsphilosophischer Konkurrenzen und Kollisionen.

Hintergrund der nachfolgenden Überlegungen ist dabei folgender Zusammenhang: Im transnationalen Recht geht es immer darum, ob normative Widersprüche oder Kollisionen zwischen zwei nationalen oder übernationalen Rechtsordnungen in Bezug auf einen bestimmten Sachverhalt vorhanden sind oder nicht. Hierzu haben sich bestimmte Denkstrukturen entwickelt, indem zB die Rechtsordnung 1 mehr Geltung beansprucht als die Rechtsordnung 2. Es kann auch sein, dass Rechtsordnung 1 und 2 nebeneinander bestehen bleiben, und man nur für Problemfälle eine Lösung finden muss.

Überträgt man diese Denkstrukturen auf die Kollision philosophischer Konzepte, so kommt es nicht darauf an, dass ein philosophisches Konzept weder „gilt", noch einen „räumlichen Geltungsbereich" hat noch überhaupt allgemein „verbindlich" ist. Das ist nach meinem Verständnis nur für Recht denkbar.

Es kommt allein darauf an, dass das betreffende Konzept von der betreffenden Rechtskultur akzeptiert ist. Nun mag man sofort vorbringen: Es ist unvorstellbar, dass etwa das Gedankengut der europäischen Aufklärung aus dem 18./19. Jahrhundert etwa in China als „Leitphilosophie", als primär maßgebliche Anschauung, akzeptiert ist. Auf diese Einschätzung werden die nachfolgenden Überlegungen hinauslaufen. Diese versuchen aber, das Spontanurteil etwas mit wissenschaftlichen Überlegungen zu unterfüttern.

Damit ist zugleich vorab klargestellt: Die nachfolgenden Überlegungen sind keine in sich geschlossene und endgültige Abhandlung. Vor allem deshalb nenne ich diese Überlegungen einen „Essay", also „Versuch", also etwas Nicht-Vollendetes. Der Grund dafür ist schlicht, dass die Thematik mehr den Charakter eines Forschungsplanes hat. Bei den Recherchen wurde mir klar, dass diese fast endlos weitergeführt werden können.

Es ist im Sinne *Poppers* nicht notwendig, dass ich für alle drei Ansätze positiv belege, dass sie insgesamt ein von der europäischen Sichtweise völlig abweichendes Konzept enthalten.

1. Zur Auswahl des Referenz-Beispiels „*Kant*“

Als Beispiel für ein sehr wichtiges philosophisches Konzept soll mir die Rechtsphilosophie von *Immanuel Kant* dienen. Sie hat zumindest in Deutschland und wohl auch in weiten Teilen Europas eine herausragende Bedeutung. An manchen deutschen rechtswissenschaftlichen Fakultäten ist es nach meinem Eindruck im Strafrecht so, dass eine wissenschaftliche Qualifikationsarbeit (Dissertation, Habilitation) ohne Auseinandersetzung mit *Kant* oder vergleichbaren Autoren nicht viel Ansehen genießt. Gleich an dieser Stelle ist aber eine Relativierung nötig: Schon für Österreich gelten diese Gründe nicht. Das hat jüngst die Arbeit von *Diana Werner* belegt[45]: Von Anfang an war die Philosophie *Kants* im nachhaltig katholischen Habsburger Land und später in der österreichisch-ungarischen Doppelmonarchie nicht akzeptiert.

Schon ein kleiner Ausflug in die Geschichte macht einem bewusst: Für *Kant* oder *Hegel* oder andere Vertreter der Aufklärung konnte der fernöstliche Hinduismus oder der Konfuzianismus keine Rolle gespielt haben. Konkret gefragt: Haben sich westliche Philosophen mit anderen Philosophien *aus einer ganz anderen Kultur* auseinandergesetzt? Gemeint sind beispielsweise der Islam, der Hinduismus oder der Buddhismus.

---

45 *Werner*, Vergeltungstheorie (Fn. 13).

In den Schriften von *Kant* oder *Hegel* ist wohl keine intensivere und substantielle Auseinandersetzung im Sinne eines Ringens um „*Vorrang*" der Anschauungen der Aufklärung enthalten. In letzterem Sinne sind auch die Schriften von *Goethe* oder *Lessing* zu verstehen.

Immanuel Kant lebte im 18. Jahrhundert von 1724–1804. Ob er die ganze Zeit nur in Königsberg verbracht hat oder nicht, kann hier dahingestellt bleiben. Jedenfalls gab es im 18. Jahrhundert weder ein Internet noch Smartphones, präziser: Es gab damals noch nicht die Spur an elektronisch vermittelter Kommunikation wie sie heute selbstverständlich ist. Ein Austausch mit einem völlig fremden und entlegenen Recht (zB Iran, Indien, China) hat überhaupt nicht stattgefunden.

Aus eigener Erfahrung kann ich insofern berichten: Der unmittelbare körperliche Zugriff auf eine aktuelle gedruckte chinesische Tageszeitung war für mich im Jahre 1984 sehr beeindruckend. Eine täglich erscheinende Zeitung stand nämlich in der Bibliothek des „Max-Planck-Instituts für ausländisches und internationales Strafrecht" (so der damalige Name des „MPI") in Freiburg. Die Bände dieses für mich nicht lesbaren analogen Mediums nahmen viele Regalmeter ein. Im Jahr 1994 war ich dann während eines Forschungsaufenthaltes an der Hebrew University in Jerusalem zum erstenmal im Internet und seinerzeit über einen sogenannten „Gopher" (laut Wikipedia: ein Netzwerkprotokoll zum Abrufen von Dokumenten über das Internet) mit Australien verbunden. Dieses Erlebnis hat mich damals nachhaltig beeindruckt. Heute ist sogar ein Telefonat über eine Internet-Verbindung nach Australien eine Selbstverständlichkeit.

Als ich 1999 dann an die Universität Salzburg wechselte, befürchtete ich, mit meinen transnationalen Forschungsprojekten „ohne das Freiburger MPI" in Salzburg ziemlich hilflos zu sein. Wie soll ich transnationale Projekte bearbeiten können, ohne „meine" MPI-Bibliothek mit ihrer phänomenalen weltweiten analogen Ausstattung? Freilich war es dann später zunehmend selbstverständlich, selbst die entlegensten Titel auf irgendeine Weise elektronisch zu bekommen. Die analoge Buch- und Zeitschriftenwelt trat zunehmend in den Hintergrund auch meiner wissenschaftlichen Tätigkeit.

Es ist überhaupt ein Spezifikum unserer Zeit, dass sich die Kommunikationsmöglichkeiten in den letzten 10 oder 20 Jahren exponential entwickelt haben. Das wird mir an meinen eigenen Erfahrungen deutlich: Mein erster Laptop hatte im Jahr 1990 die unglaubliche Festplattenkapazität von 20 MB (Megabyte). Diese geringe Datenkapazität ist heute nicht einmal auf einem Datenstick darstellbar. Ein Gigabyte (GB) sind 1024 MB. Ein Stick mit 8 GB hat also 8 x 1024 = 8 192 MB. Er gehört heute (im Jahr 2023) allenfalls zu den „Gastgeschenken" bei Tagungen. Größere haben heute schon regelmäßig 256 GB. Das sind 262 144 MB, also rund 13 000 mal so viel wie die 20 MB im Jahr 1990. Das sprengt meine Vorstellungskraft.

Heute im Jahr 2023 ist es selbstverständlich, dass wir über das Internet natürlich weltweiten Zugriff auf fast alle Informationen haben. Das ist noch nicht lange so. Machen wir uns klar, wie schnell oder langsam sich zB die Schriften von *Kant* im Ausland und in Übersetzung verbreiteten: Erst seit etwa der zweiten Hälfte des 20. Jahrhunderts gibt es Übersetzungen in fremde Sprachen[46]. Über den Hinduismus hat erst *Max Weber* zu Beginn der 1920er Jahre eine sehr eingehende Untersuchung[47] vorgelegt.

Diese Beispiele mögen genügen, um sich vorstellen zu können: Einen weltweiten Austausch über *Kant* oder über den Hinduismus kann es frühestens seit dem 19. Jahrhundert gegeben haben. Weder das eine noch das andere kann in der seither vergangenen Zeit Weltgeltung erlangt haben oder als Letztbegründung dienen.

Was bei näherem Nachdenken deshalb wirklich erstaunt: Die westliche Philosophie fragt überhaupt nicht danach, wie sie mit der östlichen Philosophie zu vereinbaren ist. Das scheint im Westen der Welt völlig gleichgültig zu sein. Je länger man sich dies

46 Siehe etwa das Archiv der Universität Mainz, https://www.kant.uni-mainz.de/literatur/uebersetzungen.html (1.6.2023).

47 *Weber*, Gesammelte Aufsätze zur Religionssoziologie, Band II: Hinduismus und Buddhismus, 2. Aufl. 1923.

bewusst macht, um so mehr Worte fallen einem ein, um dieses Denken zB als überheblich oder kolonialistisch zu charakterisieren.

Völlig undenkbar erscheint es diesen Ansätzen nämlich, dass sie mit anderen Ansätzen konkurrieren müssten oder könnten. „Wo kämen wir denn da hin?“ lautet die Frage der „Kantianer“ oder der „Hegelianer“.

Aus westlicher Sicht höre ich nun schon die „Bedenken“ gegen eine solche Vorgehensweise. Um sie auf den Punkt zu bringen: Was gehen „uns“ denn diese fernöstlichen Religionen an? Warum sollen „wir vom Westen“ uns mit dem Islam, mit dem Hinduismus oder mit dem Buddhismus auseinandersetzen.

Angesichts solcher Totalblockaden erscheint es mir zur Klarstellung notwendig: Es geht mir keineswegs um die Einführung eines buddhistischen „Ommmm“ in die Rechtsphilosophie. Ich möchte auch keiner theologisch fundierten Religion und/oder Philosophie wie dem Islam das Wort reden.

Es geht hier allein darum, dass es keines der genannten Konzepte zu einer weltweit akzeptierten Gedankenwelt gebracht hat, auch und ganz besonders nicht das europäische Konzept der Aufklärung. Das ist etwas völlig anderes.

Schaut man sich etwa den bereits zitierten[48] Band zur Frage der Universalität der Menschenrechte an,

48 Siehe oben Fn. 11.

so fällt auf, dass hieran niemand aus Fernost teilgenommen hat. Auch rechtsphilosophische Gesamtdarstellungen[49] haben fast keine Beiträge von Kolleginnen und Kollegen aus den jeweiligen Rechtskulturen.

Vor diesem Hintergrund wird erkennbar: Jedenfalls im 18. Jahrhundert sah das Ganze völlig anders aus. Wenn man den Adressaten nicht persönlich traf, weil es zu umständlich war, konnte man nur einen Brief schreiben. Dieser musste mit der Postkutsche transportiert werden. Anders konnte man nicht mit anderen kommunizieren,

Im Mittelalter war es noch beschwerlicher, überhaupt etwas zu schreiben. *Fritjof Haft* beschreibt dies sehr anschaulich[50]: Zuerst musste eine Kuh geschlachtet und gehäutet werden. Erst wenn die Haut dann zu Pergament verarbeitet war, konnte man hierauf schreiben. Dazu brauchte man aber eine Feder. An diese kam man nur, indem man sie einer Gans ausrupfte. Für die Tinte benötigte man dann u.a. Nadelholzkohle. Jedes geschriebene Wort musste wohlüberlegt sein. Jedes überflüssige Wort war schlicht zu aufwändig und zu teuer.

---

49 *Kirste/Seller*, Encyclopedia (Fn. 8); *Hilgendorf/Joerden* (Hrsg.), Handbuch Rechtsphilosophie, 2. Aufl. 2021. Vgl. aber jetzt immerhin das Themenheft (2/2023) der Zeitschrift „Rechtsphilosophie".

50 *Haft*, Juristische Schreibschule, Anleitung zum strukturierten Schreiben, 2009, S. 36 f.

Doch möchte ich dies nicht vertiefen. Jedenfalls war es in der zweiten Hälfte des 18. Jahrhunderts und zu Beginn des 19. Jahrhunderts, also in der hauptsächlichen Schaffenszeit *Kants*, doch sehr beschwerlich, mit anderen zu kommunizieren. Ein reger wissenschaftlicher Austausch, wie er heute völlig üblich ist, war undenkbar.

Vor diesem Hintergrund überlege ich mir die zentrale Frage, die man sich beim Schreiben eines jeden Textes stellen muss: Für wen schreibe ich? Wie hat *Kant* (1724–1804) diese Frage *für sich und seine Zeit* beantwortet? Das von ihm Geschriebene wurde veröffentlicht und deshalb gelesen. Wer waren aus seiner, also *Kants* Sicht, seine Leserinnen und Leser im 18. und im angehenden 19. Jahrhundert? Diese Frage kann man positiv überhaupt nicht beantworten, aber negativ schon: Außerhalb des deutschsprachigen Raumes gab es wohl nur sehr wenige, die sich mit *Kants* Analysen auseinandersetzten.

Und ich nehme ebenfalls an, dass *Kant* nicht im Austausch mit chinesischen Kollegen stand. Er dürfte kaum für den chinesischen Lesemarkt geschrieben haben. Wenn man sich dies klarmacht, wird deutlich: Die europäische Denkwelt und die fernöstliche standen nicht im Dialog miteinander.

Für den Preußen *Immanuel Kant* war es faktisch undenkbar, dass zB eine fernöstliche Philosophie auf „Augenhöhe" zu ihm hätte stehen können. Im ausgehenden 18. Jahrhundert und im 19. Jahrhundert waren fernöstliche Kulturen ohnehin aus europäischer Sicht auf kulturell viel niedererem Niveau. Dies zeigt schon das bis ins 20. Jahrhundert reichende kolonialistische Denken in Europa bis hin zur Vorstellung von „Herrenmenschen". Jedenfalls wäre man in Mitteleuropa zu dieser Zeit weder Willens noch in der Lage gewesen, sich mit Philosophien anderer Kulturen so auseinanderzusetzen, dass diese Diskussion auf breiterer Basis hätte wahrgenommen werden können. Ich drücke dies so zurückhaltend aus, weil ich nicht ausschließen kann, dass es im 18. oder 19. Jahrhundert nicht doch entlegene Publikationen hierzu gegeben haben könnte.

Übersetzungen von *Kants* Werk in eine andere Sprache scheint es erst ab der 2. Hälfte des 20. Jahrhunderts gegeben zu haben.[51] Es liegt also auf der Hand, dass die transnationale Denkstruktur mit ihren vielen verschiedenen Modellen eine grundlegende Herausforderung für Philosophie und Rechtsphilosophie darstellt. Schon allein die Frage zu stellen, ob etwa die Philosophie *Kants* überhaupt weniger als „weltweit" Beachtung erwartet, grenzt für manche an Böswilligkeit oder Ignoranz des Fragestellenden. „Was denn sonst?" mag ein *Kant*-Vertreter entgegnen. *Kant* und andere Denker der Aufklärung wie *Fichte*, *Hegel* oder *Schelling* sind doch die-

51 Siehe dazu das Archiv der Universität Mainz, https://www.kant.uni-mainz.de/literatur/uebersetzungen.html (1.6.2023).

jenigen, die das Individuum in den Mittelpunkt des Denkens gestellt und den Menschen aus der „selbstverschuldeten Unmündigkeit“ herausgeholt haben.[52]

Wenn man aber fernöstliche Ansätze dagegenstellt, sind diese nicht nur viel älter. Der Hinduismus hat zB seinen Beginn in der Zeit vor 1750 v. Chr., ist also runde 4000 Jahre alt.[53] Der Konfuzianismus entsteht im fünften Jahrhundert v. Chr. Das mag allerdings noch kein Sachargument sein. Sie haben jedoch – und das ist entscheidend – einen konträren Ausgangspunkt: Nicht das Individuum steht im Mittelpunkt, sondern die Gemeinschaft. Das ist ein genau entgegengesetzter Startpunkt. Dies wird noch näher zu belegen sein.

Weil es aber gerade nach der Aufklärung nicht akzeptabel ist, dass wir uns ein „Denkverbot“ auferlegen, müssen wir uns überlegen, wie wir mit der Konkurrenz von zwei konträren Konzepten umgehen. Wir müssen mithin eine befriedigende Lösung finden. Ein aus meiner Sicht naheliegender Ansatz hierfür ist die funktional vergleichbare Anpassung von Lösungsmodellen des transnationalen Rechtsdenkens.

Es ist auch nicht notwendig, andere philosophische Strömungen gesondert zu betrachten, weil sie

---

52 Vgl. dazu *Wulf*, Fabelhafte Rebellen. Die frühen Romantiker und die Erfindung des Ich, 2022.

53 *Michaels*, Der Hinduismus, Geschichte und Gegenwart, 1998, S. 48.

– wie etwa die analytische Rechtsphilosophie oder die Sprachphilosophie – gerade *nicht* inhaltlich konzipiert sind, also gerade nicht auf bestimmte Inhalte abstellen. Soweit es um Verfahrensmodelle geht, werden diese für den Argumentationsgedanken selbst eine Rolle spielen.

2. Keine sonstige Einschränkung des Suchraums auf Rechtsgebiete

Wie oben[54] hervorgehoben beschränke ich mich dabei nicht auf das Strafrecht, sondern suche in allen Rechtsbereichen, also sowohl im Privatrecht wie im Verwaltungsrecht oder in sonstigen Rechtsgebieten.

3. Weltweit akzeptierte formale Logik und Mathematik

Unproblematisch ist es freilich, dass Mathematik und Logik weltweiten Anspruch erheben. Dies ist möglich, weil keine Inhalte damit verbunden sind. Damit sind alle Bereiche gemeint, die nicht auf einen inhaltlichen Wahrheitsbegriff abstellen.

Aber schon historisch betrachtet, kann es nicht anders sein. Hier spielen die völlig gewandelten Kommunikationsmöglichkeiten im Zeichen des In-

54 Siehe oben III 3.

ternets eine zentrale Rolle. Ich gehe von folgenden Überlegungen aus:

4. Völkerrechtliches Modell: Internationaler Strafgerichtshof („Weltachtung" für eine einzige Philosophie)

Das Völkerstrafrecht und der Internationale Strafgerichtshof basieren zwar auf einem völkerrechtlichen Vertrag und nicht auf einer UN-Sicherheitsratsresolution wie der Jugoslawien- und der Ruandastrafgerichtshof. Aber ihm liegt ein grundsätzlich universell geltendes Völkerstrafrecht zugrunde. Dies gilt zumindest für drei der vier Core Crimes: Völkermord, Verbrechen gegen die Menschlichkeit und Kriegsverbrechen. Mehr gibt es nicht.

Das Modell des Völkerstrafrechts ist das einzige Modell, das für Universalität steht. Es würde voraussetzen, dass ein einziges philosophisches Konzept diese Weltachtung für sich erstens in Anspruch nehmen kann und zweitens auch tatsächlich innehat.

Gleichwohl kommt dieses Modell der Denkweise in der Rechtsphilosophie am nächsten. Wenn man aber auf das Völkerrecht abstellt, dann muss man auch nach den völkerrechtlichen Grenzen für die rein nationale Alleinregelung der Strafgewalt fragen und diese sinngemäß übertragen. Solche Grenzen gibt es fast nicht: In zwei Urteilen hat der IGH die freilich sehr weiten Grenzen für die Staaten abgesteckt, innerhalb derer sie auch Auslandssachverhalte, also Sachverhalte, die sich im Wesentlichen außerhalb ihres Territoriums ereignen, strafrechtlich ahnden dürfen. Das ist nichts anderes als die Frage der völkerrechtlichen Grenzen der nationalen Strafgewalt. Nach dem Personalitätsgedanken darf ein einzelner Staat etwa das Verhalten eines Staatsangehörigen im Ausland bestrafen. Nach dem Schutzgedanken ist es völkerrechtlich in Ordnung, wenn ein Staat ein solches Verhalten unter Strafe stellt, dass zwar im Ausland vorgenommen wird, sich aber im Inland auswirkt.

Unter dem Strich darf ein einzelner Staat völkerrechtlich also sehr weit gehen, um sein Strafrecht auf Auslandssachverhalte anzuwenden. Im Kartellrecht sind die Grenzen sogar so weit gezogen, dass es in Ordnung sein soll, wenn sich ein Kartell negativ auf das Inland auswirkt.[55] Ein solches Auswirkungsprinzip setzt nationaler Rechtsmacht eigentlich keine Grenzen mehr.

Dies wird noch deutlicher, wenn man sich die Grenzen des völkerrechtlichen Ius Cogens anschaut. Diese lassen sich kaum inhaltlich bestimmen.

Für die oben angesprochene Frage lassen sich aus diesen Überlegungen jedoch keine Modelle gewinnen. Es gibt keine philosophische Instanz, die solche

---

55 Siehe die Nachweise bei *Lagodny/Kappel*, Der UK Bribery Act – Ein Strafgesetz erobert die Welt?, StV 2012, S. 695.

Grenzen setzen könnte, auch dann nicht, wenn sie sehr weit sind.

Im Grunde nimmt die Philosophie bzw. die Rechtsphilosophie schon genau dieses Modell in Anspruch. Gleichgültig mit wem man spricht: Ein „echter" Kantianer oder ein „echter" Hegelianer lässt keine Einschränkung der weltweiten Achtung zu. Wo kämen wir denn hin? ist die Frage, die einem sofort entgegengehalten wird.

Dieses Denken prägt die deutsche Sicht.

a) Bloße Bipolarität von *Kant*

Aus meiner Sicht gibt es hinreichend Gründe, um vor allem die Philosophie der Aufklärung in Grenzen zu weisen. Das zeigt bereits die Erkenntnis, dass die Philosophie Kants ausschließlich bipolar mit den beiden Polen

- Staat (oder Rechtsgemeinschaft oder ein vergleichbares Allgemeininteresse)

und

- Täter

ausgerichtet ist. Weitere Pole oder Dimensionen, wie vor allem diejenige des

- Opfers

kann sie gar nicht erfassen. Vor allem auch nicht das Verhältnis der Pole zueinander. Im Dreieck Staat-Täter-Opfer ist es als dasjenige von „kommunizierenden Röhren“ zu charakterisieren: Was man dem einen Verhältnis hinzufügt, muss man dem anderen wegnehmen[56].

Das ist mein Fazit aus der Grundlagenarbeit von *Diana Werner*[57]. Sie hat dargestellt, dass *Kant* in Österreich von Anfang an und auch heute nicht akzeptiert war oder ist. *Kant* stand sogar auf dem Index der Katholischen Kirche. Deutlicher konnte die österreichische Kultur eine generelle Distanzierung von *Kant* nicht ausdrücken. Gleichzeitig ist das Strafrecht Österreichs seit den Reformen des Habsburger Kaiser *Joseph II* (1765–1790) bis heute geprägt von einer Berücksichtigung von Belangen und Interessen des Opfers. Diese reichen von der Straffreiheit (und nicht der bloßen Strafmilderung) bei tätiger Reue oder der Straffreiheit des absolut untauglichen Versuchs bis hin zu Einschränkungen der Notwehr bzw. der Strafbarkeit der Unterlassung der Rettung des verletzten Angreifers. Diese Beispiele und noch weitere[58] wären völlig unvereinbar mit der Sichtweise von *Kant*. Um es im Klartext auszusagen: Die ausgesprochene Opferorientierung des österreichischen Strafrechts wäre

56 Siehe zu diesem Verhältnis: *Lagodny*, Strafrecht (Fn. 4), §§ 10 und 11.

57 Siehe oben Fn. 13.

58 *Lagodny*, Strafrechtswelten (Fn. 16), S. 135 ff.

nicht möglich gewesen, wenn man dort die Lehren von *Kant* umgesetzt hätte.

Besonders deutlich wird dies an der strafrechtsdogmatischen Behandlung der tätigen Reue. In Deutschland wirft die Gewohnheit des Gesetzgebers, diese Frage nur in die Strafzumessung und nicht als Strafbefreiung in die Strafbegründung zu verlagern, grundrechtsrelevante Fragen der Gleichbehandlung auf[59]. Das materielle Strafrecht Österreichs sieht hier auch heute mit § 167 StGB einen Strafbefreiungsgrund (mit der Folge: Freispruch) vor. In Deutschland wäre dies undenkbar, weil er und ausschließlich die Beziehung Staat-Täter betrachtet. Das Opfer und der Wegfall seiner Interessen sind nicht relevant.

Übersetzt man diese Erkenntnis in die Grundrechtsdogmatik, so wird schlaglichtartig deutlich: Das Denken von *Kant* ist rein zweidimensional. Für ihn gibt es nur den „Staat" bzw. die „Rechtsgemeinschaft" einerseits und den Täter andererseits. Das Opfer kommt bei ihm nicht vor.

Ein solches bipolares Grundrechtsverständnis ist heute aber nicht mehr möglich. Schon daher kann *Kant* keine Weltakzeptanz gewinnen oder innehaben. Es ist heute in der deutschen Grundrechtsdogmatik nämlich völlig unstreitig, dass man Grundrechtsverhältnisse zwingend mehrpolar sehen

59 Siehe *Lagodny*, Strafrecht (Fn. 4), § 17 C.

muss.[60] Eine nur bipolare Grundrechtsdogmatik greift zu kurz.

b) Fernöstliche Sichtweise in der Grundrechtsdogmatik

Die fernöstlichen Philosophien[61] denken nicht in subjektiven Rechten des Individuums. Eine ganz neue englische Dissertation zur strafrechtlichen Schuld in China führt aus:

„[T]here is no such thing as individual rights that are possesed by people in the Chinese collectivism tradition“[62]. Das scheint die vorherrschende Meinung zu sein. Aus meiner Sicht gibt dies die zentrale Erklärung: Individualrechte sind jedenfalls in

60 Vgl. nur *Lindner*, Grundrechte als Kooperationsrechte, in: *Bäcker* (Hrsg.), Rechtsdiskurs, Rechtsprinzipien, Rechtsbegriff. Elemente einer diskursiven Theorie fundamentaler Rechte. Symposium zum 75. Geburtstag von Robert Alexy, 2022, S. 319 ff.; *ders.*, Der Dritte im System der Grundrechtsdogmatik, JA 2020, S. 9 ff.

61 Interessant zum unterschiedlichen Denken auch der Philosoph *Heinrich Rombach* mit *Kōichi Tsujimura* und *Ryosuke Ohashi*: Sein und Nichts. Grundbilder westlichen und östlichen Denkens, 1981. Ich danke meinem Kollegen *Ansgar Hense* für diesen Hinweis.

62 *Yu Mou*, The Construction of Guilt in China – An Empirical Account of Routine Chinese Injustice, 2022, S. 20, unter Verweisung auf *Weatherley*, The Discourse of Human Rights in China. Historical and Ideological Perspectives, 1999, S. 98.

China völlig unbekannt! Es gibt nur Gruppenrechte oder Rechte einer Allgemeinheit. Überträgt man diesen Gedanken zB auf das das Kastenwesen in Indien vor dem Hintergrund des Hinduismus, dann ist das grundrechtsdogmatische Gleichheitsproblem leicht erklärt: Wenn man Gleichheit nicht auf ein Individuum, sondern auf eine Gruppe oder ein Kollektiv bezieht, dann entspricht sogar das Kastenwesen völlig unproblematisch einem solchen „Kollektiv-Gleichheitssatz". In diese Richtung weisen auch weitere Tendenzen im japanischen öffentlichen Recht, auf die mich der Kollege aus dem Verfassungsrecht, *Daniel Wolff*, dankenswerterweise aufmerksam gemacht hat.[63]

In diese inakzeptable Richtung ging aber jedenfalls die Äußerung des chinesischen Kollegen *Genlin Liang*, Peking Law School, als ich ihn in einer

---

63 *Paul*, Individualismus und Kollektivismus in der Geschichte Chinas und Japans, Zeitschrift für Kultur- und Kollektivwissenschaft, 1/1 (2015), S. 177–200 (https://doi.org/10.14361/zkkw-2015-0110); *Kuriki*, Mensch, Gesellschaft, Staat in Japan, Der Staat 2002, S. 91 ff., *Bell*, Introduction, in: *Bell* (ed.), East Meets West. Human Rights and Democracy in East Asia, 2000, S. 3 ff.; *Germer*, Grenzgänge – Zur (De-)Konstruktion sozialer Gruppen und kollektiver Identitäten in Japan. Eine Hinleitung, in: Japanstudien 16: Grenzgänge – (De-)Konstruktion kollektiver Identitäten in Japan, 2004, S. 11 (https://perspectivia.net/publikationen/dij_japanstudien/16_grenzgaenge/grenzgaenge [1.6.2023]).

Online-Diskussion[64] im Hinblick auf eine chinesische Neuregelung (Strafmündigkeit wird im Einzelfall bestimmt, nicht durch eine abstrakt-generelle Altersgrenze) fragte: Welche philosophische Grundauffassung liege dem chinesischen Strafrecht zugrunde. Seine Antwort: „Das ultima ratio Prinzip". Das stimmt, wenn man es völlig inhaltsleer versteht und sagt: „ratio" ist alles, was der Gesetzgeber will. Dass man auf diese Weise einen 9jährigen für strafmündig erklären könnte, würde bei uns spätestens an der Menschenwürde scheitern, die aber in Fernost gleichsam gar nicht hereingelassen wird in die Überlegungen. Und der Kollege war überzeugt, damit vor uns Westlern „gut" dazustehen, sonst hätte er das nicht so betont.

Dass solche Begründungsansätze für uns im Westen in der EU in keiner Weise akzeptabel sind, brauche ich nicht im Detail ausführen. Bereits der Gedanke, dass das Individuum gar nicht Träger eines Grundrechts sein kann, widerspricht der europäischen Menschenrechtsidee so zentral, dass es für jemanden, der – wie auch ich – in diesen europäische Kategorien denkt, schlicht unvorstellbar ist, dass man so denken kann. Man müsste die „Ur-Funktion" der Grundrechte, nämlich die Abwehrfunktion des Individuums gegen den Staat, ablehnen.

64 „Aktuelle Entwicklungen im chinesischen Recht", organisiert vom Chinesisch-Deutschen Strafrechtlehrerverband und Kollegen *Hilgendorf*, 28. Juni 2021.

Das kann nicht sein.

Das Ultima-Ratio-Prinzip geht aber nur dann auf, wenn man die Ratio (Zweck) oder die Mittel (Erforderlichkeit und Angemessenheit) nicht normativ einschränkt. Nur dann ist es möglich, zu folgendem Ergebnis zu kommen: Alles, was sich der Gesetzgeber zum Ziel setzt, wird ohne Einschränkungen so zugrunde gelegt. Dann bewegt man sich immer *innerhalb* der Ultima-Ratio. Dann ist noch die Frage: Wer ist denn in China „der Gesetzgeber" bis hin zur Rolle der Parteispitze? Usw. usf.

Aus deutscher Sicht wäre so ein individuell-konkretes Strafmündigkeitskonzept nicht akzeptabel. Diese Grenze muss jedenfalls nach unten abstrakt-generell gezogen werden. Das folgt jedenfalls aus der Grenze der Menschenwürde, wie es die Problematik der Untergrenzen der (abstrakt-generellen) Strafmündigkeit in den USA zeigt. Das spielt im Auslieferungsrecht manchmal eine Rolle.

Schon diese Punkte deuten für mich in die sehr wahrscheinliche Richtung: Es gibt auch aus strafrechtlicher Sicht keine Letztbegründung. Für das Öffentliche deutschsprachige Recht habe ich dies ja bereits ganz zu Beginn dieses Essays ausgeführt.

Es erscheint mir fast müßig, diese Gedanken auf universeller Ebene zu belegen. Jedenfalls die Aufklärung im Sinne von *Kant* oder sonstigen Philosophen ist in Europa verwurzelt. Der Hinduismus in Indien oder der Konfuzianismus in China, der Islamismus in der islamischen Welt sind völlig andere Konzepte.

Welche weiteren philosophischen Richtungen (oder Strömungen oder Ansätze oder wie auch immer man solche Erscheinungen zusammenfassend bezeichnen möchte) sonst in der europäischen, der indischen oder der chinesischen Kultur verwurzelt sind, ist eine fast uferlose Frage. Sie kann hier auch nicht geklärt werden, weil diese hier schon faktisch unmöglich ist. Das wäre ein mehrere Jahrzehnte erforderndes Forschungsprojekt.

Man mag das Kriterium der „kulturellen Verwurzelung“ deshalb auch nur als grobe und ungefähre Annäherung verstehen, nicht als gleichsam trennscharfen und subsumtionsfähigen Begriff. Ich möchte damit nur die Dimensionen andeuten. Anders als ein nationales Gesetz ist die Entwicklung und das Selbstverständnis einer „philosophischen Richtung“. Wenn ich diese beiden Begriffe in Anführungszeichen setze, kommt eine weitere Unwägbarkeit ins Spiel: Wann kann man denn von einer „Richtung“ sprechen? Wie viele Anhänger oder „follower“ braucht es dafür?

c) Kein „*Kant*“ im Hinduismus

Vielleicht können Sie, lieber Leser und liebe Leserin, mir am ehesten folgen, wenn Sie nachvollziehen können, wie ich selbst auf meine ganzen Überlegungen zur fernöstlichen Denkweise gekommen bin. Am 19. Mai 2021 erhielt ich die nachfolgende Antwort von meiner indischen Schwiegertochter, *Shubha Kamela Prasad*[65], auf meine simple Frage, wer denn mit *Immanuel Kant* im Hinduismus vergleichbar sei. Die Antwort hat mich sehr nachdenklich gemacht und viele Überlegungen bei mir in Gang gesetzt.

Die Mail lautet auszugsweise (Hervorhebung von mir in diesem autorisierten Abdruck, O.L.):

> „I've been thinking about this and I think the issue is that Hinduism and Buddhism have many texts that guide philosophical life *but there haven't been singular philosophers in the tradition of Western Europe.* The Vedas, Puranas, and the two epics – Mahabharata and Ramayana are all guidelines on how to live a meaningful life, but interpretations have been *very flexible.* However, I think the Bhagavat Gita (part of the Mahabharata) is actually a conversational exchange on the laws/duties that men have to follow in order to fulfil their dharma or live a life of dignity. A non-religious text but broadly in the Hindu tradition would also be the Arthashastra or the rules of statecraft, which outline the procedures of just rule."

Das war völlig neu und überraschend für mich. Es gibt also im Hinduismus nicht einzelne Philosophen wie in der westeuropäischen Tradition. Wenn ich diese Mail hier auszugsweise abdrucke, dann nicht

65 Siehe oben S. 23

als wissenschaftlichen Beleg für den Inhalt. Dies auszuarbeiten wäre nämlich die Aufgabe für mehr als einen einzigen Wissenschaftler und mehr als ein Menschenleben. Vielmehr soll der Abdruck dieser Mail auch bei Ihnen nur die emotionale Bereitschaft wecken, diesen Dingen nachzugehen. Ich habe selbst nämlich keinerlei Anlass, am Inhalt dieser Mail zu zweifeln, weil ich die Absenderin nicht nur persönlich kenne und wissenschaftlich schätze, sondern ihr auch sehr viele vertiefende und vor allem Nichtwissen oder Naivität offenbarende Fragen gestellt habe, die selbst unter befreundeten Kolleginnen oder Kollegen kaum zu äußern gewesen wären.

Das ist eine ganz besondere rechtsvergleichende Erfahrung. Bei jedem anderen „Sender" aus einer anderen Rechtsordnung müsste ich zunächst misstrauisch sein und zumindest eigene Detailrecherchen anstellen.

Schon ein kurzer Blick in Wikipedia unter dem Stichwort „Hinduismus" würde diesen Eindruck bestätigen[66] und eine Ausgangslage für die eigentlichen wissenschaftlichen Recherchen schaffen. Es handelt sich aber bei *Shubha Kamela Prasad* – wie bereits

---

66 Folgendes fasst wohl das hinduistische politische Denken gut zusammen, auch wenn es ein wenig „orientalistisch" ist: https://www.encyclopedia.com/social-sciences/applied-and-social-sciences-magazines/indian-political-thought (1.6.2023).

erwähnt – um meine Schwiegertochter, die selbst Politikwissenschaftlerin ist.

d) Monotheismus vs Polytheismus

Die zentralen Thesen des israelischen Historikers *Yuval Harari*[67] und des Ägyptologen *Jan Assman*[68] lassen sich wie folgt zusammenfassen:

> *Nur der Monotheismus muss mit dem Problem der Toleranz umgehen, nicht notwendigerweise aber der Polytheismus. Deshalb entsteht im Monotheismus geradezu zwingend das Bedürfnis für Menschenrechte. Im Polytheismus ist dieses zwar nicht ausgeschlossen, aber von diesem Erklärungsansatz jedenfalls geringer.*

Man kann sich das durch folgende Überlegungen verdeutlichen: Warum sind Menschen im 17. Jahrhundert von Europa auf den nordamerikanischen Kontinent geflohen? Es waren primär religiöse Gründe vor dem Hintergrund auch der Reformation. Diese hat eine zweite christliche Religionsgemeinschaft, ein zweites Glaubenssystem, neben der katholischen Kirche geschaffen. Das war ein zentrales Fluchtmotiv.

---

67 *Harari*, Eine kurze Geschichte der Menschheit, 30. Aufl. 2018.

68 *Assmann*, Die Mosaische Unterscheidung: oder der Preis des Monotheismus, 2003.

Ist man als Abtrünniger, insbesondere als Protestant, nicht von Europa geflohen, wurde man zB gefoltert von der Inquisition der Katholischen Kirche. Das gebiert jedenfalls aus meiner strafrechtlichen Sicht den Gedanken an Menschenrechte. Die Frage: „Was wäre ohne die Norm/das Normgefüge?“[69], also ob man diesen Zusammenhang auch anders herleiten kann, möchte ich hier nicht diskutieren[70]

Wie stünde es wohl um die Rechtsphilosophie hierzulande, wenn es keine Reformation gegeben hätte. Müssten wir dann auch mit einem „Index librorum prohibitorum“ leben, wie er in früheren Zeiten im habsburgischen Europa bestand? Die katholische Kirche hatte ihn nach *Luther* im 16. Jahrhundert eingeführt. Wenn man die Unnachgiebigkeit der ebenfalls im 16. Jahrhundert wohl als Antwort auf *Luther* geschaffenen Glaubenskongregation der katholischen Kirche bedenkt, dann erst fällt mir auf:

Weder *Kant* noch *Hegel* waren katholisch. Beide waren vielmehr Protestanten und wuchsen in einer streng pietistischen Familie auf. Hat also erst die Reformation in Europa dazu geführt, dass hier in Europa überhaupt eine von einer Kirche und damit von

---

69 *Lagodny*, Juristisches Begründen. Argumentations- und Prüfungstraining für ein zentrales Studienziel, 2013, S. 128 ff.

70 Vgl. dazu auch *Tönnies*, Die Menschenrechtsidee. Ein abendländisches Exportgut, 2011, die ausführlich darlegt, warum die Menschrechtsidee aus Europa kommt. Vgl. auch *Kirste*, Das Fundament der Menschenrechte, Der Staat 2013, S. 119 ff.

einer organisierten Form von Religiosität losgelöste Rechtsphilosophie entstehen konnte? Doch ginge es zu weit, diese Frage zu vertiefen.

Diese Denkweise ist bislang in Europa völlig ungewohnt. Ob sie ebenfalls so aussichtslos sein wird wie der Gedanke des „Weltethos" von *Küng*, sei dahingestellt. Dieser Fall zeigt, dass man auch in Europa jedenfalls katholische Theologie nicht an der Universität lehren kann, wenn man nicht zum katholischen Priester geweiht ist. Hier springt mir die Ähnlichkeit zum Islam ins Auge, jedenfalls so, wie er mir geschildert worden ist[71]: In beiden Religionsgemeinschaften gibt es eine Bindung an die zuständige Religionsinstanz. Außenstehenden ist es verwehrt, die von der Religionsgemeinschaft vertretene Religionswissenschaft zu lehren.

Das mag alles unbefriedigend sein, erklärt mir aber sehr vieles, wenn nicht alles in der Rechtswissenschaft.

V. Nationale Modelle mit weltweitem Anspruch

Im transnationalen Strafrecht gibt es nationale Modelle, die einen weltweiten Anspruch erheben. Diese gehen nicht immer so weit wie das Universalitätsmodell im Einkommenssteuerrecht. Danach greift

---

71 Siehe oben *Werner*, Umsetzung (Fn. 30), und im Text vor dem Absatz mit Fn. 16 („Islamische Aufklärung?").

jeder nationale Staat auf das Einkommen jedes Steuerpflichtigen in der ganzen Welt zu. Das führt zu einer Mehrfachbesteuerung ein und desselben Einkommens. Um dies zu vermeiden, werden „Doppelbesteuerungsabkommen" geschaffen, bei denen es dann diverse Anrechnungsmodalitäten gibt.

Diese sind sicherlich nicht übertragbar auf die hier anstehenden Fragen. Das gilt auch für andere Anrechnungsmodelle wie § 66 öStGB. Danach werden ausländische verbüßte Strafen wegen derselben Tat auf die im Inland zu verhängende angerechnet.

Es geht auch nicht um das Modell des Internationalen Privatrechts: Für einen bestimmten Rechtsstreit soll weltweit nur ein einziges zuständiges Gericht eines einzigen Staates bestimmt werden. Dieses Gericht wendet dann aber nicht notwendigerweise das materielle Recht an, das im Staat seines Gerichtssitzes gilt, sondern unter Umständen ein ihm fremdes Recht. Ein nach IPR-Regeln zuständiges deutsches Gericht wendet dann zB materielles kanadisches Recht an. Dieses Modell ist schon deshalb nicht anwendbar, weil dann in einer Rechtsordnung oder in einer Rechtskultur nur eine einzige Philosophie oder Religion „anzuerkennen" wäre. Das ist zwar bei monotheistischen Religionen oft der Fall, wie schon das Beispiel des Augsburger Religionsfriedens von 1555 gezeigt hat. Die Einigung der nationalen Staaten dürfte aber auch damit zusammenhängen, dass ihre jeweiligen *staatlichen* Regelungsinteressen nicht wesentlich tangiert sind. Es handelt sich um Konflikte zwischen Privaten. Die jeweiligen Hoheitsgewalten sind dabei nicht wesentlich involviert. Von daher leuchtet auch die Grenze des „ordre public" ein: Das ist im Ausgangspunkt primär eine Grenze zum Schutz der jeweiligen hoheitlichen Staatsgewalt, sehr viel weniger und vom Grundgedanken eigentlich überhaupt nicht zum Schutz des Individuums.

1. Zu Extrem: Das „Ignoranzmodell" der USA

Es gibt das Modell des „Was gehen mich die anderen an?". Es wird vor allem von den USA oder anderen Großmächten vertreten. Es führt zu einem isolierten Nebeneinander, nämlich da, wo keinerlei Kooperation zwischen zwei Staaten besteht und das Nebeneinander als solches anerkannt ist, also kein berechtigter und anerkannter Alleinvertretungsanspruch besteht. Das ist das, was in der Philosophie bis heute üblich und anerkannt ist. Eine Lösung der hier aufgeworfenen Fragen gibt es aber nicht.

Dieser Befund ist eigentlich erschreckend. Er sagt letztlich aus, dass man sich auf der Ebene philosophischer Konzepte in geradezu ignoranter Weise verhält und es gar nicht ausspricht, was weltweit hinter diesem „Nebeneinander" steht: Letztlich ein ignoranter Machtanspruch.

Dies wird dann auch den Einfluss von Mono- oder Polytheismus verstärken.

2. Zu Extrem: Das „Oberlehrermodell“ von Deutschland

Justin Monsenepwo von der Universität Montreal (bis 2021: Oxford) hat uns in Deutschland sozialisierten Rechtswissenschaftlerinnen und vor allem Rechtswissenschaftlern meiner Generation ins Stammbuch geschrieben[72], dass Europa nicht intellektuell das Zentrum sein müsse, nur weil es wirtschaftlich und politisch das Zentrum gewesen ist. Das gelte nicht nur im Wirtschaftsprivatrecht, in dem *Monsenepwo* primär arbeitet, sondern vor allem auch – so ergänze ich selbst – für ein weit verbreitetes Denken im deutschen Strafrecht und auch im deutschen öffentlichen Recht. Der gönnerhafte Hochmut deutscher Provenienz nach dem Motto: „Naja, das ist eben deutsche Dogmatik“ und die dahinter verborgene Geringschätzung („Das verstehen Sie noch nicht“) ist ein Musterbeispiel für Diskriminierung auf vermeintlich hohem Niveau. Eine solche degradierende Missachtung ist im deutschen rechtswissenschaftlichen Bereich immer noch häufig anzutreffen. Bis zu meiner Tätigkeit in Österreich und dem damit verbundenen intensiven Eintauchen auch in die dortige Rechtsrealität bin ich selbst –

72 *Monsenepwo*, Dekoloniale Rechtsvergleichung und Rechtstransfer nach Afrika, in: *Hilgendorf/Tiz* (Hrsg.), Vom richtigen Umgang mit den „Anderen“. Diskriminierung, Rassismus und Recht heute, 2022, S. 71 ff.

das muss ich eingestehen – diesem Denken erlegen. Dann habe ich manche Dinge völlig anders gesehen, hier in größerem, dort in geringerem Umfange. Das wird mir durch diesen Beitrag jedenfalls bewusst.

Wir finden diesen Hegemoniegedanken im deutschen Recht der beanspruchten Strafgewalt für Auslandstaten. Das deutsche Recht der deutschen Strafgewalt für Inlands- und Auslandstaten finden wir in den §§ 3–7 und 9 dStGB. Es gibt kein einziges Verhalten (Tun oder Unterlassen) auf der gesamten Welt, das nach deutschem Recht eine Straftat verwirklicht, und das nicht wenigstens potentiell der deutschen Strafgewalt unterliegt. Dafür sorgt jedenfalls die stellvertretende Strafrechtspflege nach § 7 Abs. 2 Nr. 2 dStGB.

3. Aussichtslos: Modell der materiellen Rechtsvereinheitlichung

Oft wird versucht, das materielle Recht zu vereinheitlichen. Das ist eigentlich das Maximum, um auf der Ebene des materiellen Rechts Konflikte und Kollisionen zu vermeiden. Diese gibt es dann schlicht nicht mehr.

Ein solcher Schritt ist der Regelfall bei der Entstehung eines neuen Staates. Ein Beispiel bietet etwa die Bildung eines deutschen Gesamtstaates im 19. Jahrhundert aus den verschiedenen deutschen Partikularstaaten. In den im 18. Jahrhundert entstandenen

USA spielt der Rechtsunterschied zwischen den Bundesstaaten und dem Bund auch heute noch eine oft gewichtige Rolle, wie das Beispiel des Schwangerschaftsabbruchs jüngst gezeigt hat.

Dieser Weg steht aber nicht immer offen. So ist etwa die Europäische Union weit davon entfernt, eine flächendeckende Rechtsvereinheitlichung zu besitzen. Selbst partielle Vereinheitlichungen erscheinen geradezu müßig. Man stelle sich nur eine Vereinheitlichung im Strafrecht vor. Dazu müsste auch das gesamte Nebenstrafrecht vereinheitlicht werden. Das ist schlicht unmöglich, was hier nicht weiter ausgeführt werden muss.

Deshalb wird auf EU-Ebene der Gedanke der gegenseitigen Anerkennung von Entscheidungen verfolgt. Allen voran ist der Gedanke eines EU-weiten Ne bis in idem nach Art. 50 EUGrCh bzw. Art. 54 SDÜ.

Eine Rechtsvereinheitlichung kommt deshalb generell nur ausnahmsweise in Betracht. Aber selbst so engverbundene Staaten wie die nordischen Staaten in Skandinavien erreichen dieses Ziel nicht. Das Beispiel Deutschland und Österreich zeigt, wie weit man von einem solchen Ziel selbst dann entfernt ist, wenn man sich historisch durchaus nahesteht und dieselbe Sprache spricht.

Überträgt man den Lösungsweg der Rechtsvereinheitlichung vom transnationalen Denken auf die Rechtsphilosophie, so wäre es zum Beispiel ein Weg, danach zu suchen, ob gewisse Strukturen oder Begründungen in mehr als einem philosophischen Konzept auftreten. So kann etwa der Gedanke der *Menschenwürde* als solcher nicht nur bei *Kant* eine zentrale Rolle spielen, sondern auch in einer ganz anderen philosophischen Denkwelt. So hat zB der ehemalige Vizepräsident des israelischen Supreme Court, *Chaim Cohn*, ganz generell untersucht, wieviel Menschenrechte im Talmud und in der Bibel enthalten sind.[73].

Das ist eine durchaus weitverbreitete Überlegung im Bereich der Rechtsphilosophie. Um es ganz plastisch auszudrücken: Das Modell einer materiellrechtlichen Rechtsvereinheitlichung würde beispielsweise danach fragen: „wieviel *Kant*" steckt in der anderen Rechtsphilosophie. Man auch umgekehrt den Gedanken der Autonomie bei *Kant* und bei *Fichte* auch auf die ganze Welt erstrecken. Das mag in sich jeweils legitim sein, löst aber keine Konflikte auf. Sofort läge die Gegenfrage auf der Hand: Warum sucht man nicht hinduistische, konfuzianistische oder islamische Elemente in dem Menschenrechtsgedanken der westlichen Welt? Dies umgekehrte Frage ist genauso berechtigt oder unberechtigt wie diejenige von *Cohn*.

Es geht also nicht darum, „wieviel *Kant*" in der Philosophie von „*PhilosophIn xy*" steckt. Das ist entweder – so denke ich – müßig oder nicht machbar.

73 *Cohn*, Human Rights in the Bible and Talmud, 1989.

Müßig ist es schon deshalb, weil man diese Frage schnell absurdum führen kann. Wie schon angedeutet, kann man diese Frage in jede Richtung führen. Es entstünde also ein ganzes Netz von Untersuchungen: „Was steckt in welchem anderen?" Vielleicht bleibt dann irgendwann ein Kern von Prinzipien übrig. Aber die Geister scheiden sich offensichtlich bereits an der über allem stehenden Entscheidung:

Ein Modell der materiellen Rechtsvereinheitlichung setzt von vornherein voraus, dass es um eine weltweite Vereinheitlichung geht. Und daran scheitert dieser Gedanken.

VI. Das momentan allein übrigbleibende Toleranz-Modell des europäischen Ne-bis-in-idem (Art. 54 SDÜ/50 EUGrCh)

Im gesamten transnationalen Strafrecht hat man bislang auch versucht, ein flächendeckendes Netz von nationalen Strafbefugnissen für jeweils eine Tat zu erzeugen. Der Grundgedanke ist folgender: Eine bestimmte Tat soll *überall* auf der ganzen Welt strafbar sein nach dem jeweils nationalen Recht. Dann ist der Verdächtige in einem „Netz" nationaler Strafgewalten erfasst. Diesem Modell folgt etwa die Drogenbekämpfung mit dem Übereinkommen der Vereinten Nationen von 1988 oder die Abkommen der Vereinten Nationen über „Strafbarkeiten" bei organisierter Kriminalität generell.

Die unmittelbare Kehrseite dieses Modells ist aber die Frage der Mehrfachbestrafung. Für das Europa der EU ist diese Frage gelöst mit Art. 50 EUGrCH bzw. 54 SDÜ. Darauf werde ich gleich eingehen, weil es sich im Grunde bereits um eine verfahrensrechtliche Lösung handelt.

Wichtig ist hierbei jedoch: Anders als über das Verfahren kann man diese Probleme der Vervielfachung nationaler Strafbefugnisse nicht lösen.

Das europäische „Ne bis in idem" nach Art. 54 SDÜ/50 EUGrCh bedeutet damit: Eine zweite Strafverfolgung in einem anderen Staat (Zweitentscheidungsstaat) ist ausgeschlossen, wenn eine erste Strafverfolgung in einem anderen Staat (Erstentscheidungsstaat) endgültig abgeschlossen ist. Ich vermeide hier bewusst die termini technici der Normen („Rechtskraft"; „Aburteilung", etc), weil es mir nicht um eine Auslegung dieser Normen geht, sondern nur um das sich dahinter sich verbergende Zusammenspiel von Grundsatzüberlegungen. Diese sind:

(1) Der Zweitentscheidungsstaat erachtet das, was der Erstentscheidungsstaat gemacht hat, *überhaupt* und *potenziell als relevant.*
(2) Der *Zweitentscheidungsstaat wählt überhaupt aus* und erkennt bestimmte Entscheidungen des Erstentscheidungsstaates an; andere jedoch nicht.
(3) Anerkennen bedeutet: die anzuerkennenden Entscheidungen des Erstentscheidungsstaates

führen zum *Ausschluss jedes weiteren Verfahrens* im Zweitentscheidungsstaat.

(4) Der Kreis der anzuerkennenden Entscheidungen des Erstentscheidungsstaates richtet sich *nach den Kriterien dieses Staates (und nicht etwa des anderen Staates oder „anderer" Staaten)*, die im Erstentscheidungsstaat ebenfalls zum Ausschluss jedes weiteren Verfahrens führen.

Für mich ist das europäische Ne-bis-in-idem nach Art. 54 SDÜ bzw. 50 EUGrCh ein Musterbeispiel, wie man gravierende Kollisionen lösen kann.

Wichtig hier ist vor allem, dass es zunächst allein auf die Beurteilung durch den Erstentscheidungsstaat ankommt, nämlich, ob die Entscheidung dort Rechtskraft entfaltet. Das ist das Nadelöhr für alles weitere. Und das ist wiederum entscheidend für mich: Im Ausgangspunkt kommt es allein auf die Sicht im Erstentscheidungsstaat an. Nicht etwa auf eine völkerrechtliche oder sonst übergreifende Sicht. An diesem eigenen Maßstab muss sich der Erstentscheidungsstaat aber dann im Weiteren festhalten lassen.

Dies ist nur ein Beispiel für die Wirkung des Gedankens von Art. 54 SDÜ/50 EUGrCh. Man kann ihn im Rahmen der Rechtsvergleichung erweitern und fragen: Wo sind die Grenzen der Toleranz für ein anderes System? Wenn man die Europäische Menschenrechtskonvention als Prüfungsmaßstab im Verhältnis zu einem außereuropäischen Staat heranzieht, ist auch die Frage obsolet, ob man dadurch eigene Prüfungsmaßstäbe verabsolutiert.[74]

Hieraus ergibt sich folgendes Fazit:

Nach Art.54 SDÜ bzw. 50 EUGRCh führt eine rechtskräftige, also vor allem nicht mehr mit Rechtsmitteln anfechtbare Entscheidung in Staat 1 dazu, dass die Rechtskraft in allen anderen EU-Staaten verbraucht ist. Das ist sehr weitreichend, weil die anderen Staaten gar nicht mehr entscheiden dürfen, also gar kein Strafverfahren mehr führen dürfen.

Dieses Effekt mit transnationaler Sprengkraft gibt es nirgendwo sonst: Ein Verfahrenshindernis wegen eines ausländischen Verfahrensaktes. Er ist aber nur auf eine eingegrenzte Menge von Entscheidungen anwendbar.

Im Grunde ist das geradezu Revolutionäre daran, dass es im Wesentlichen dem Staat 1 überlässt, wie weit er selbst die Rechtskraftwirkung fasst. Bereits hieran ist jeder andere Staat (2, 3, 4 usw.) gebunden.

Was Staat 1 deshalb macht, ist folgendes: Er selbst legt seine eigenen – in der Regel; verfassungsrechtliche – Grenzen des Doppelbestrafungsverbots an.

74 *Lagodny*, Übernahmefähigkeit und Übernahmewürdigkeit ausländischer strafrechtlicher Regelungen – Eine Projektskizze am Beispiel Österreichs und Deutschlands, in: *Burkhardt/Koch/Gropp/Lagodny/Spaniol/Walther/Künschner/Arnold/Perron* (Hrsg.), Scripta amicitiae – Freundschaftsgabe für Albin Eser zum 80. Geburtstag am 26. Januar 2015, 2015, S. 387 ff.

Diese sind dann wirksam im Verhältnis zu allen anderen Staaten 2 (3, 4 usw.).

Alle Staaten 2 (3, 4 usw.) akzeptieren diese Festlegung des Staates 1. Eine Korrektur dieser Festlegung ist nicht vorgesehen. Das ist etwas ganz besonders.

Die anderen Staaten 2 (3, 4, usw.) müssen also hinnehmen oder akzeptieren oder tolerieren, wie Staat 1 die Frage des Strafklageverbrauchs versteht. Diese ist nach deutscher Grundrechtsdogmatik nichts anderes als die Erstreckung des Verbots der Mehrfachbestrafung nach Art. 103 Abs. 3 des deutschen GG auch auf ausländische Zweitentscheidungen.

Daraus ergibt sich der eigentlich einfache Gedanke:

> *Grundsatz 1:* Die Grenzen, die der Erstentscheidungsstaat sich selbst setzt, muss er auch im Verhältnis zu anderen Staaten akzeptieren.
> *Grundsatz 2:* Die selbstgesetzten Grenzen für eigenes Handeln darf der Erstentscheidungsstaat auch im Verhältnis zu anderen Staaten zur Geltung bringen.

Wenn Deutschland sich also bestimmte grundrechtliche Grenzen setzt, dann müssen diese auch gelten, wenn es um andere Staaten geht. Das kann man sich besonders am Beispiel der Auslieferung bei drohender Todesstrafe deutlich machen. Hier gab es im Jahre 1964 eine vieldiskutierte Entscheidung (BVerfGE 18, 112), wonach es die Grundrechte nicht verbieten, jemand trotz drohender Todesstrafe an einen anderen Staat auszuliefern. Diese Verbiegung hin zu anderen Rechtsordnungen zeugt von fehlendem rechtlichen Selbstbewusstsein. Andere Rechtsordnungen erachten es geradezu als selbstverständlich, dass sich in solchen Situationen der eigene und nicht der fremde Maßstab durchsetzt. Heute in den Jahren 2023 ff. wird das erfreulicherweise an manchen Punkten genau umgekehrt gesehen: Die Grundrechte verbieten genau dies.

Diese Gedanken muss man zB auch auf die strafrechtliche Beurteilung von „Ehrenmorden" oder Körperstrafen anwenden, seien diese in anderen Kulturen auch faktisch noch so hingenommen oder „üblich" oder gar für „notwendig" erachtet. Sie widersprechen unseren Vorstellungen von Recht. Deshalb dürfen wir sie nicht hinnehmen.

Es geht mithin um nichts anderes als Grundsatz 2. Es kommt gerade nicht darauf an, ob das Völkerrecht oder das Recht des ersuchenden Staates das so sieht wie Staat 1.

> *Dies ist sehr wichtig: Allein um eine solche Erstreckung geht es in diesem Modell, nicht etwa um die Hinnahme verfassungsrechtlich untragbarer staatlicher ausländischer Aktionen wie Folter im Ausland oder Todesstrafe im Ausland.*

Zusammenfassend zeigen uns also die Modelle des transnationalen Rechtsdenkens auf, wie man mit der Kollision verschiedener philosophischer Ansätze umgehen sollte. Es geht nicht darum, dass sich ein einziger Ansatz durchsetzt. Es geht um ein kontrollierbares Nebeneinander im Sinne der Toleranz. Deren Kehrseite ist aber unweigerlich, dass man sich auch Klarheit verschafft, was man nicht mehr zu tolerieren bereit ist. Was das ist, sagen einem die eigenen Grundsätze, im Falle Deutschlands also die Grundrechte.

Eine andere Frage ist, ob zB westliche Philosophen davon ausgehen, dass islamische, hinduistische oder buddhistische Konzepte ebenfalls „Weltgeltung" innehaben könnten. Eine solche strukturell vergleichbare Problemlage wurde mir bewusst, als es um die Einordnung des „Islamic Banking" und dessen zentrale Prämisse des Zinsverbotes in einem Auslieferungsfall ging[75]:

Die Türkei hatte die Bundesrepublik Deutschland um Auslieferung einer Person wegen des türkischen Delikts des „Wuchers" ersucht. Dem lag zugrunde, dass diese Person Wechsel vor deren Fälligkeit angekauft, damit ein Darlehen gewährt und dafür aus türkischer Sicht „Zinsen" verlangt hatte. Bereits dies erfüllte die türkische Definition von „Wucher". Diese setzt anders das deutsche Delikt gar kein Missverhältnis von Leistung und Gegenleistung voraus. Diesem Verständnis von „Wucher" liegt mithin eine völlig vom westlichen marktwirtschaftlichen Wirt-

75 Dazu *Lagodny/Tekin*, Der „Wucher" im türkischen Strafrecht im Fadenkreuz von Religion, Laizismus und Menschenrechten, NZWiSt 2013, S. 81

schaftsmodell abweichende Konzeption zugrunde: das „Islamic Banking". Dessen Vor- und Nachteile möchte ich hier freilich nicht diskutieren. Was für mich hier entscheidend ist: Staaten, in denen dieses Modell gilt, kommen offensichtlich effektiv damit zu recht.

Die Parallele zum hier anstehenden Thema liegt auf der Hand: Rechtsphilosophische Modelle jenseits von *Kant* (oder vergleichbar wichtigen westlichen Denkern) haben in ihrem jeweiligen Kulturkreis eine sicherlich ebenso wichtige Bedeutung wie *Kant* (oder andere) hierzulande. Sie stehen nebeneinander. Und bleiben so.

In anderen Worten: „Die Welt" muss damit leben, dass es viele verschiedene Philosophien gibt.

Es bleibt also nur eine Lösung über eine im weitesten Sinne verfahrensbezogene Toleranz. Ein materiellrechtlicher Ansatz scheidet aus. Diese Lösung wird notwendigerweise regional beschränkt sein, weil es eine weltweite Lösung auch beim Verfahren zumindest *derzeit* nicht geben wird. Ob es eine solche in der Zukunft geben kann, mag ein weitere Untersuchung wert sein. Diese durchzuführen muss zukünftigen Projekten vorbehalten bleiben.

Ich habe immer mich schon immer mit der Grenze des „Akzeptablen" für eine Rechtsordnung befasst. Die Unzulässigkeit der Auslieferung bzw. das nationale Strafrecht und die nationalen Grundrechte sind ein ganz konkretes Beispiel dafür. Ein wirklich grundlegender Schritt war in Europa die Einführung des europarechtlichen Ne bis in idem nach Art. 54 SDÜ. Damit wurde zum ersten Mal die Anerkennung der ausländischen Rechtskraft nennenswert auf die transnationale Ebene gehoben. Diese Rechtskrafterweiterung mag es auf regionaler Ebene gegeben haben. Aber einen geographischen Raum unterschiedlicher nationaler Souveränitäten wie denjenigen der Europäischen Union von Palermo auf Sizilien bis Rovaniemi in Finnland hat man bislang nicht abgedeckt. Und die Rechtskraft einer nationalen Entscheidung in einem Strafverfahren ist international sehr bedeutsam. Das zeigt die immer detaillierter werdende Rechtsprechung des EuGH hierzu.

In bisherigen wissenschaftlichen Diskussionen ging es immer um eine „Total-Lösung"/„Komplett"-Lösung. Diese bestand vereinfacht ausgedrückt in der Frage: Ist die westliche oder eine andere Sicht jeweils als Ganze für die ganze Welt die maßgebliche Sicht? In der Philosophie und auch zB im Völkerrecht (Universalität der Menschenrechte?) wurde dies zusammengefasst unter einer „Universalismus"-Debatte. Dabei ging es immer um die „Alles oder Nichts"-Frage: Diese oder jene Philosophie? Entweder „diese" und dann weltweit; oder „jene" und dann auch weltweit. Andere Lösungen wie die Anerkennung von *nebeneinander*stehenden Konzepten, die dann auch in Konkurrenz zueinanderstehen, gibt es in dieser bisherigen Diskussion nicht.

Genau das ist aber die Situation im transnationalen Straf(verfahrens)recht:

Es gibt sehr viele miteinander konkurrierende nationale Strafgewalten, zB die deutsche und die US-amerikanische. Diese erklären oft mehrfach bestimmte Handlungen/Unterlassungen für rechtswidrig und strafbar, auch wenn sich diese Handlungen/Unterlassungen außerhalb des eigenen Territoriums ereignen. Dann handelt es sich um „Auslandstaten“ oder „exterritoriale Taten“ wie zB ein grenzüberschreitender Betrug oder eine vorsätzliche Tötung mit Opfern aus beiden Staaten (USA und Deutschland).

Man überlegt allenfalls, ob andere Konzepte nicht Teile des eigenen Konzepts enthalten. Doch darum geht es mir nicht.

Wenn ich mir also klarmache, dass jedenfalls die Universalismus-Debatte die falsche, nämlich eine zu weite und letztlich unlösbare Frage stellt, dann muss ich mir noch mehr die Frage stellen: Was ist dann die richtige, die eingeschränkte Frage?

Es geht nicht um Universalität, sondern um Konkurrenz. Die Universalität eines einzigen philosophischen *inhaltlichen* Konzepts kann nicht begründet werden. Das lässt sich schon deutlich an dem Verhältnis zwischen dem säkularen Konzept der Aufklärung zum monotheistischen Konzept des Islam aufzeigen. Die islamische Sharia ist zB mit ihren Körperstrafen völlig inakzeptabel für das erste. Dazu bedarf es keiner großen Diskussion. Allerdings ist auch der westliche Umgang mit „den Alten" der Gesellschaft völlig inakzeptabel aus der Sicht islamischer Kulturen[76]. Auch die Diskussionen um das völkerrechtliche Konzept des Jus Cogens zeigen dies: Man ist auch heute im Jahr 2023 noch weit davon entfernt, mehr als nur grundlegende und wirklich elementare Menschenrechte überhaupt zu *diskutieren*. Noch weiter ist man davon entfernt, die Todesstrafe oder Folter als Jus Cogens *anzuerkennen*.

Mit anderen Worten:

- Es geht auf jeden Fall nur um gemeinsame Schnittmengen. Wie groß oder klein die Schnittmengen sind, interessiert mich hier in diesem Projekt jedenfalls nicht.
- Die Folgefrage ist: Wie umgehen mit „Nicht-Schnittmengen"? Hier besteht eine „echte" Konkurrenz. Diese muss entweder aufgelöst werden oder sie besteht weiter. Letzteres ist der bisherige Standpunkt in der Diskussion. Allerdings handelt es sich um eine unerkannte Konkurrenz. Deshalb kann man sich auch keine Gedanken zur Auflösung der Konkurrenz machen. Wieso denn auch?

---

76 Siehe *Tönnies*, Menschenrechtsidee (Fn. 70), S. 16: „Mit Abscheu sehen die Muslime, wie in unserer Kultur die alten Menschen ausgesondert werden."

Typisches Beispiel ist für mich die Diskussion um die Universalität der Menschrechte. Oder der Versuch, alles aus der Perspektive von *Kant* zu erklären: In der X-Philosophie von einem anderen Kontinent steckt doch nur der *Kant*'sche Kategorische Imperativ! Und schon ist die Konkurrenz zu Gunsten von *Kant* aufgelöst.

Es geht aber immer um die Frage der „roten Linie“: **Wo ist für jede Kultur die Grenze, die „rote Linie“, die nicht überschritten werden darf?**

Allerdings stellt sich die generelle Frage, was hieraus für die Konkurrenz von philosophischen Konzepten folgen kann. Art. 54 SDÜ/50 EUGrCh sind Rechtsregeln, die in formellen juristischen Verfahren angewendet werden. Es kann nur darum gehen, aus diesen Normen den allgemeinen Gedanken abzuleiten: Wenn es selbst die beteiligten Staaten in so zentralen juristischen Fragen der Konkurrenz schaffen, einen Ausgleichsmechanismus zu finden, dann müsste das doch auch in den hier angesprochenen Fragen der Konkurrenz von philosophischen Konzepten gehen? Oder ist ein Rückschluss von rechtlichen auf philosophische Probleme unzulässig? Das ist eine rhetorische Frage. Aber, im Ernst, was spricht gegen diese Richtung eines Schlusses? Die andere Richtung, der Schluss von der Lösung eines philosophischen Problems auf ein rechtliches Problem ist ebenso häufig diskutiert wie fruchtlos geblieben.

Das zeigt nicht zuletzt die deutsche strafrechtliche Rechtsgutsdiskussion.

Das wären aus meiner Sicht die wichtigsten Punkte.

VII. Fragen der darüber hinaus übrigbleibenden Verfahrenskontrolle

Mangels inhaltlicher Kriterien kommen deshalb nur *verfahrensbezogene* Überlegungen in Betracht. Die damit zusammenhängenden Fragen seien hier mehr stichwortartig erwähnt. Zu groß ist der Suchraum, wenn man erkannt hat, dass es keine Letztbegründung gibt.

Es stellen sich viele Fragen. Man muss zunächst unterscheiden, um welche Art von Verfahren es geht. In einem für alle Verbindlichen und deshalb förmlichen Verfahren, wie in einem Gesetzgebungs-, Gerichts- oder einem Verwaltungsverfahren sind die Regeln eindeutig und auch streng einzuhalten. Wer aber sind „alle“? Die Welt? Eine Nation? Ein Staat? etc In einer wissenschaftlichen Diskussion sieht das anders aus. Diese Unterscheidung wird nachfolgend zugrunde gelegt.

1. Förmliche staatliche Verfahren (Gesetzgebung, Rechtsprechung oder Verwaltung)

Zunächst ist hier die Ausgangsfrage zu klären: Wer entscheidet, ob es überhaupt auf die inhaltliche Überzeugung von anderen ankommt? In einer Diktatur kommt es nicht auf die Überzeugung anderer an. In einem Rechtsstaat (was immer man darunter versteht[77]) kommt es jedenfalls in irgendeiner Form darauf an, dass man andere von Sollenssätzen überzeugt. Dazu gehört auch die Entscheidung, wer die Regeln dafür festlegt. Das geschieht grundsätzlich in der Verfassung und dort im Gesetzgebungsverfahren.

2. Nicht-förmliches Verfahren in der Rechtswissenschaft

Man kann zunächst abgrenzen von den soeben erwähnten staatlichen Verfahren und eine sehr weite Vorstellung von (nicht-förmlichem) „Verfahren" in einem eher weiten soziologischen Sinne zugrunde legen und auch ein rein internes „Vorgehen" oder „Verfahren" dazu rechnen. Damit meine ich ein Verfahren, das sich nur innerhalb der Rechtswissenschaft

77 Siehe dazu *Kirste*, Die Rule of Law in der deutschen Rechtsstaatstheorie des 19. Jahrhunderts, Jahrbuch für Recht und Ethik 2013, S. 23 ff.

und entweder mit oder ohne ausdrückliche Regeln abspielt. Ein Prototyp wäre eine Tagung der StrafrechtslehrerInnen oder der StaatsrechtslehrerInnen.

Dort wurden zumindest in den Jahren 1990–2004 keine Beschlüsse gefasst. Eine ungeschriebene Regel war, dass man als nicht habilitierter Assistent noch keine Wortmeldung bei einem der großen Vorträge machen durfte. Dann war es natürlich ein Privileg und eine besondere Auszeichnung, wenn man nach erfolgter Habilitation (besser schon nach dem ersten „Ruf") einen Vortrag halten durfte. Das war (und ist vielleicht noch) eine Art „Aufnahmeritual", wobei mir unklar ist, worin man eigentlich aufgenommen worden ist.

Bei den öffentlich-rechtlichen Staatsrechtslehrinnen und -lehrern war es zumindest sehr viel förmlicher.

So berichtet *Lindner*[78] im Anschluss an *Schulze-Fielitz* von folgenden Beispielen für „Reputationskriterien": Wer begrüßt wen oder übersieht wen auf der Staatsrechtslehrertagung? Wer geht auf wen von sich aus und auf welche Art zu oder lässt sich vorstellen? Besonders beeindruckend ist das „Unterbrecher-Theorem", das *Schulze-Fielitz* folgendermaßen

78 Nachfolgendes ist übernommen aus meiner Besprechung: *Lagodny*, Rezension: Josef Franz Lindner, Rechtswissenschaft als Metaphysik. Das Münchhausenproblem einer Selbstermächtigungswissenschaft, Tübingen 2017, GA 2019, S. 417.

beschreibt: „Wer, hinzukommend, das Gespräch von zwei am Rande der Staatsrechtslehrertagung sich unterhaltenden Kollegen von sich aus einfach unterbrechen darf, vielleicht sogar unter Missachtung eines von beiden, spielt dabei (objektiv) regelmäßig seine größere Reputation aus." *Lindner* hat völlig recht, wenn er ausspricht, was sich eigentlich jeder denken muss, der so etwas liest: „Hier wird die Verletzung von Höflichkeitsregeln gewissermaßen standesrechtlich überhöht und als Zeichen von Elite ausgewiesen." Das ist nichts anderes als die Einübung von Wichtigtuerei. Diese Gebräuche sind vielmehr eben deshalb willkürlich, weil es keinen sachlichen Grund gibt. Dieser wäre theoretisch noch begründbar in militärischen Strukturen, bei denen Disziplin und Gehorsam noch einen Eigenwert haben. Man kann allerdings keineswegs sagen, dass solche Verhaltensmuster beschränkt wären auf Staatsrechtler oder Öffentlich-Rechtler. Auch und gerade im Strafrecht kommen solche Unsitten vor.

Dies sind Beispiele für die informelle Gewährung von Repuationsmerkmalen in ritualisierten nichtförmlichen Verfahren.

Man könnte auch einen Schritt weitergehen und auch nicht-akademische Diskussionen im öffentlichen Raum dazuzählen. Das wäre aber letztlich eine Frage zB der allgemeinen politischen Willensbildung, die ich primär der Politikwissenschaft zuordenen würde. Deshalb blende ich hier diese Art von Diskussionen aus.

Dies alles mag man im weitesten Sinne als nicht-förmliche Verfahren bezeichnen.

3. Überzeugungsbildung in förmlichen und in nicht-förmlichen Verfahren

Bei diesen förmlichen und nicht-förmlichen Verfahren stellt sich jetzt die Folgefrage, wie Überzeugungen gebildet werden. Voraussetzung für die nachfolgenden Überlegungen ist daher: Es findet überhaupt Argumentation statt. In einer Diktatur im weiteren Sinne ist dies von vornherein ausgeschlossen – wie weit auch immer man den Begriff der „Diktatur“ ziehen mag.

„Nicht-Diktaturen“ diskutieren in unterschiedlichem Maße. Wenn es sich um eine Oligarchie handelt, sind an dem Diskurs nur wenige mächtige Menschen beteiligt, in einer Demokratie idealiter alle Menschen – wenn auch in je verschiedenem Maße. Ich befasse mich nachfolgend weder mit einem Strafrecht in einer Diktatur noch in einer Oligarchie, sondern nur in einer Demokratie. Ob und welche konkret existierenden Strafrechtsordnungen deshalb außen vorbleiben, lasse ich hier jedoch bewusst dahingestellt. Jedenfalls gehe ich nicht von einer einzigen Strafrechtsordnung aus und schon gar nicht von der existierenden deutschen. Allein darauf kommt es an.

Damit können wir jedenfalls festhalten: In förmlichen Verfahren bedarf es der Überzeugungsbildung. Dafür werden Regeln vorgesehen. Für deutsche Gerichtsverfahren ist die Reihenfolge der Stimmabgabe bei Kollegialgerichten zB in § 197 GVG geregelt (der Dienstälteste *zuletzt*), in Österreich in § 5 Abs. 2 OGHG für den OGH[79] (der Dienstälteste *zuerst*).

4. Wer darf am förmlichen Verfahren teilnehmen?

Man muss fragen: Wer darf aus welchen Gründen an dem jeweiligen Verfahren teilnehmen? Bei förmlichen Verfahren ist dies in der jeweiligen Verfahrensordnung (GG, BVerfGG; ZPO, StPO, VwGO) klar geregelt. Im Strafverfahren wirken neben dem Gericht also mindestens die Staatsanwaltschaft und der Angeklagte (Beschuldigte) mit seinem Verteidiger mit. Freilich kann jeder Rechtswissenschaftler und jede Rechtswissenschaftlerin natürlich formlos an jedem Verfahren mitwirken, indem man zB ein Rechtsgutachten erstellt. Ob dieses beachtet wird, ist weder in der StPO noch im Grundgesetz geregelt. Im Zivilprozessrecht gibt es nur eine ausdrückliche

79 Nur am Rande: In Deutschland gilt die Regel, dass der dienstjüngere vor dem dienstälteren abstimmt. In Österreich ist es genau andersherum (dienstälterer vor dem dienstjüngeren) geregelt.

Regelung für Rechtsgutachten zum *ausländischen* Privatrecht (§ 293 ZPO). Für ein Gericht verbindliche „öffentlich-rechtliche" Rechtsgutachten gibt es im nur nationalen Verfahrensrecht nicht, auch wenn die Argumente eines privaten Gutachtens noch so überzeugend sein mögen. Selbst wenn ein strafrechtliches Gutachten auf vielen Seiten erörtert, dass eine bestimmte zur Strafbarkeit führende Rechtsfrage zu *verneinen* ist, kann eine auf ein solches Gutachten gestützte Revision nach § 349 Abs. 2 als „offensichtlich unbegründet" verworfen werden, wenn die höchstrichterliche Rechtsprechung die Rechtsfrage schon lange einhellig *bejaht.*

Das mag aus Laiensicht und erst recht aus der Sicht der Rechtswissenschaft sehr verwundern. Ein besseres Beispiel dafür, dass hier das Sachargument gerade *nicht* zählt, gibt es allerdings nicht. Denn so sind die Spielregeln in der Ordnung des Grundgesetzes.

Das mag man bedauern, aber gerade die heutige deutsche Gesellschaft steht – wie viele Gesellschaften – vor dem Problem: Wie wird Kommunikation über den Inhalt von Recht verbindlich? Reicht es aus, dass man einen gut besetzten Blog betreibt? Zählt dann dessen Mehrheit? Solche und damit zusammenhängende Fragen machen deutlich: Es geht um wesentlich mehr als eine bloße Meinungsumfrage alten Musters. Es geht um Kommunikationsmacht.

Oder wird Kommunikation nur dann verbindlich, wenn und soweit es die Verfassung vorsieht? Solche

Fragen können und sollen in diesem Beitrag nicht behandelt werden, weil das gar nicht zufriedenstellend geht. Es reicht hin, diese in ihrem Zusammenhang überhaupt aufzuwerfen.

Was aber wohl keiner Diskussion bedarf: Es soll sich nicht der- oder diejenige durchsetzen, der oder die sich am lautesten bemerkbar macht. Das wäre die Rückkehr zum Naturzustand (eventuell nur in anderer Form).

Diese Vorstellung von einer förmlichen Diskussion und wer an ihr in welcher Form teilnehmen darf, trifft sich mit der Auffassung von *Kelsen*. Er spricht vom dem „zur Entscheidung (des konkreten Falles) „berufenen Organ“[80]. Nur dieses sei zur Auslegung befugt. Weil auch die Auslegung Rechtserzeugung sei, meint er damit: die Erzeugung der „individuellen Norm“ aus der abstrakt-generell formulierten Norm. Deshalb müsse man die Auslegung eben nur diesem Organ zubilligen. Jeder andere Mensch treibt sonst nämlich Rechtspolitik. Und die ist eben anderen Organen zugestanden.

Das kann man so sehen, erzeugt für mich aber Irritationen, die letztlich daher rühren, dass *Kelsen* jede Form von „Rechtspolitik“ abgelehnt hat. Das

80 So die Formulierung zB in *Kelsen*, Existentialismus in der Rechtswissenschaft, Archiv für Rechts- und Sozialphilosophie 43 (1957), S. 161, 166, 167 171, 172, 174, 179; zur „individuellen Norm“: S. 182.

mag seine Ursachen in der Vita von *Kelsen* haben[81], ist damit aber nicht überzeugend.

Das darf aus meiner Sicht aber nicht dazu führen, das zB RechtswissenschaftlerInnen nur die auffindbaren Argumente als solche „unbewertet" nur „darstellen" und sich dadurch scheinbar einer Meinung enthalten. Dies habe ich öfters in Österreich als „state of the art" erfahren. Er ist für mich nicht vertretbar, wenn man eigenverantwortliche Rechtswissenschaft betreiben möchte.

Man überlegt hierzu freilich sofort: Was ist, wenn dieses Organ ein Diktator oder eine bloße faktische Machtorganisation ist? Gilt das auch dann? Oder setzt *Kelsens* Theorie insoweit voraus, dass es sich um „gute" im Sinne von legitimen und legitimierte im weitesten Sinne Organe handelt? Einen Diktator dürfte selbst *Kelsen* vor dem Hintergrund seiner Biographie nicht im Sinne gehabt haben. Das würde auch keinen Sinn machen. Aber wie weit geht der akzeptable Kreis der „berufenen Organe"? Dies sind letztlich die Sachproblem, die sich hinter der Diskussion um einen Rechtspositivismus verbergen. Diese Diskussion möchte ich hier aber nicht führen.

---

81 Dazu *Lagodny*, Das Politische an der Rechtswissenschaft, in: *Andrianne/Gabriel/Gmainer-Pranzl* (Hrsg.), Das Politische in der Wissenschaft, 2022, S. 211 ff.

5. Besonders: Nichtexistenz eines Gesetzes für die „Strafrechtsweisen"

Damit ist nur gesagt: Wer nicht förmlich an einem förmlichen Verfahren teilnehmen darf, der ist auch nicht förmlich zugelassen. Das klingt scheinbar zirkulär und banal, ist es aber nicht, weil dadurch der Blick auf zB folgende Überlegungen gerichtet wird: Eine wichtige Weichenstellung folgt aus dieser Frage nämlich für das Verhältnis solcher Verfahren zur akademischen Rechtswissenschaft: Gibt es neben einer formellen Beteiligung noch eine informelle Beteiligung – und sei es dadurch, dass zB Richter die Veröffentlichungen der Rechtswissenschaft lesen, aber nicht förmlich verwerten müssen. Dies ist die Praxis im angloamerikanischen Bereich und zB am Europäischen Gerichtshof für Menschenrechte. Bei angloamerikanischen Gerichten wäre die Zitierung von rechtswissenschaftlichen Beträgen zudem eher unüblich oder selten, weil diese dann mit den Präzedenzfällen zur Herausarbeitung des geltenden Rechts auf dieselbe argumentative Stufe gehoben würden. Alle Richterinnen und Richter an diesen Gerichten lesen selbstverständlich ebenso die erschienen Veröffentlichungen, nur werden diese nicht zitiert.

Nur am Rande sei hier insofern bemerkt, dass der Zitierstil im angloamerikanische Bereich ein gänzlich anderer ist als nach Vorverständnis im deutschsprachigen Raum: Hierzulande zitiert man

„punktscharf", indem man genau die fremde Stelle angibt, auf die man sich bezieht. Gänzlich anders praktiziert man es im angloamerikanischen Raum: Die Erwähnung in der Fußnote ist hier mehr als pauschaler Hinweis des Autors an die Leserinnen gedacht: „Das könnte man hierzu auch noch lesen". Hiervon kann man sich unschwer ein Bild machen, wenn man in dortige Monografien schaut. Dahinter steckt der Gedanke, dass der Autor den Leser nicht bevormunden möchte und sagt: „Nur das sollst Du lesen". Hier haben die Fußnoten also eine völlig andere Funktion.[82]

Oder umgekehrt: Dass sich Richter an einem Höchstgericht selbst zitieren und dadurch eine „herrschende Meinung" belegen wollen?

Etwas völlig anderes ist es, wenn die zuständigen Organe des Gesetzgebungsverfahrens „die" Rechtswissenschaft förmlich beteiligen. Das ist zB der Fall in Österreich, wenn ein Gesetzentwurf vom Justizministerium zur „Begutachtung" ausgeschickt wird. Die dort vorgebrachten Bedenken aus der Rechtswissenschaft werden von den zuständigen Gesetzgebungsorganen sehr wohl zur Kenntnis genommen und verarbeitet. Aber nicht nur die Wissenschaft nimmt dort zu den Entwürfen Stellung, auch Interessenvertretungen vielerlei Art.

---

82 Dazu *Lagodny/Lagodny*, Fußnotenkulturen – Beobachtungen aus rechts- und politikwissenschaftlicher Sicht, ZIS 2019, S. 354 ff.

Damit wird aber auch klar, dass die Beteiligung nicht nur pro forma stattfinden darf. Wenn Professorinnen und Professoren der Rechtswissenschaft in Bundestagshearings aber als „professorale Bedenkenträger" bezeichnet werden[83], dann wird erkennbar, welche Bedeutung man der Wissenschaft von Seiten der Praxis beimisst.

Letztlich verbirgt sich hinter der Auffassung, die Strafrechtsdogmatik könne dem Gesetzgeber vorgeben, welche Rechtsgüter er mit Kriminalstrafe schützen dürfe, eine unbeschreibliche Hybris. Dies wird deutlich, wenn man einen Vergleich mit der Institution der „Wirtschaftsweisen" zieht. Dabei handelt es sich um ein Gremium, das die gesamtwirtschaftliche Entwicklung begutachtet und nach § 1 des Gesetzes[84] gegenüber „allen wirtschaftspolitisch verantwortlichen Instanzen sowie in der Öffentlichkeit" u.a. Empfehlungen zur Wirtschaftspolitik ausspricht „zur Erleichterung der Urteilsbildung bei allen wirt-

83 So nach meiner Erinnerung ein Bericht in den 1990er Jahren des seinerzeitigen MPI-Direktors *Eser* in einer Institutsbesprechung über eine Äußerung des seinerzeitigen Bundeskriminalamtspräsidenten.

84 Gesetz über die Bildung eines Sachverständigenrates zur Begutachtung der gesamtwirtschaftlichen Entwicklung vom 14. August 1963 in der im Bundesgesetzblatt Teil III, Gliederungsnummer 700–2, veröffentlichten bereinigten Fassung, zuletzt geändert durch Artikel 249 der Verordnung vom 31. August 2015 (BGBl. I, S. 1474).

schaftspolitisch verantwortlichen Instanzen sowie in der Öffentlichkeit".

Nach dessen eigener Darstellung auf seiner Hompage[85] hat er folgende Funktionen

> „Der Sachverständigenrat zur Begutachtung der gesamtwirtschaftlichen Entwicklung ist ein Gremium der wirtschaftswissenschaftlichen Politikberatung. Der Sachverständigenrat wurde durch Gesetz im Jahre 1963 mit dem Mandat eingerichtet, aus unabhängiger Expertensicht eine periodische Begutachtung der gesamtwirtschaftlichen Entwicklung der Bundesrepublik Deutschland vorzulegen und damit zur Erleichterung der Urteilsbildung bei allen wirtschaftspolitisch verantwortlichen Instanzen sowie der Öffentlichkeit beizutragen. Der Sachverständigenrat ist in seinem *Beratungsauftrag unabhängig und hat eine transparente Arbeitsweise.* Er stellt die wirtschaftliche Lage und deren absehbare Entwicklung dar und zeigt Fehlentwicklungen und Möglichkeiten zu deren Vermeidung oder Beseitigung auf. Dabei diskutiert er verschiedene Indikatoren der Wirtschaftsleistung, Lebensqualität und Nachhaltigkeit sowie politisch gesetzte Zielwerte. Zudem analysiert er den Fortschritt sowie die Chancen und Risiken der aktuellen Wirtschaftspolitik und

85 https://www.sachverstaendigenrat-wirtschaft.de/ueber-uns/aufgaben.html (8.3.2021). Hervorhebung im Original.

zeigt mögliche Zielkonflikte auf. Seine Ausführungen und Konzeptionen sind ein wesentlicher Bestandteil der wirtschaftspolitischen Diskussion in Deutschland und haben die politische Entscheidungsfindung merklich beeinflusst."

Das Gutachten erstattet er nach § 6 des Gesetzes vom 14.8.1963 und leitet es der Bundesregierung zu.

Man muss für das Strafrecht (wie allgemein für „das Recht") einen „Erst-recht"-Schluss anbringen: Wenn es schon für wirtschaftspolitische Empfehlungen der Wissenschaft an die Bundesregierung eines Gesetzes bedarf, dann sicherlich erst recht, wenn es darum ginge, verbindliche „Rechtsguts-Vorgaben" oder allgemein: Strafrechtsvorgaben zu machen. Deutlicher kann man es wohl kaum belegen, dass die Sicht im Strafrecht nicht haltbar ist.

Dies wird noch dadurch unterstrichen, dass die Wirtschaftswissenschaften in dem Jahresgutachten ausschließlich in empirischen Fragen angesprochen sind. Es geht nicht um theoretisch arbeitende Wirtschaftswissenschaften. Man könnte es aber noch eher bei den empirisch arbeitenden Wirtschaftswissenschaften annehmen, dass sie sich „ungefragt" bzw. „ohne gesetzlichen Auftrag" in Fragen der Wirtschaftspolitik zu Wort melden. Das geschieht allenthalben, aber ohne den Anspruch, zu den „Wirtschaftsweisen" zu gehören.

Zudem sieht das Gesetz nicht vor, dass die Ratschläge der Wirtschaftsweisen ungeändert umgesetzt werden müssten. Davon scheint die strafrechtliche Rechtsgutslehre auszugehen, soweit sie dem Gesetzgeber Vorgaben machen will. Aus meiner Sicht ist diese Lehre aber einem historischen Übergang geschuldet: Die deutsche Rechtsgutslehre hat sich im wesentlichen Ende der 1950er Jahre in Deutschland herausgebildet und hat in den 1970/80er Jahren ihren Höhepunkt gehabt. Das war eine Zeit, in der man einerseits einen Schlussstrich unter eine alte – auch und gerade nationalsozialistisch geprägte – Sichtweise ziehen wollte. Andererseits hatte man noch nicht untersucht, ob und wie man dem Gesetzgeber über die Verfassung Grenzen ziehen kann. Man wich also auf die Rechtsgutslehre aus und behauptete verfassungsrechtliche Grenzen, die man aber gar nicht normativ abgestützt hat. So enthielt diese Lehre letztlich für ihren eigenen verfassungsrechtlichen Anspruch nicht mehr als eine Behauptung. Diese wurde nicht eingelöst. Deshalb war die Reaktion aus der Strafrechtswissenschaft auf das Inzest-Urteil des Bundesverfassungsgerichts so ratlos.

Soweit es allerdings um die Herausarbeitung von kriminalpolitischen Richtlinien oder Empfehlungen geht, hat die Rechtsgutslehre ihre unbestreitbaren Verdienste. Aber eben nur hier.

Wie dem auch sei: Ein Gesetz über die „Strafrechtsweisen“ gibt es nicht. Und das ist auch gut so. Auch für die Frage der strafrechtlich zu schützenden Rechtsgüter.[86]

6. Wer „darf“ umgekehrt am wissenschaftlichen „Verfahren“ (Diskurs) teilnehmen?

Es verbleibt deshalb nur die umgekehrte Frage: Wer nimmt am wissenschaftlichen „Verfahren“, am wissenschaftlichen Diskurs teil? Im Prinzip und zum Glück sind diese Fragen nicht förmlich geregelt, werden aber in vielen Fällen faktisch in bestimmter Weise gehandhabt. Nehmen wir als Beispiel nur die Tagungen der *Straf*rechtslehrerInnen einerseits und die Tagungen der *Staats*rechtslehrerInnen andererseits. Hier zeigen sich schon sehr deutliche Unterschiede, die nur sehr mittelbar mit der je unterschiedlichen Größe erklärt werden können. Diese Unterschiede zu diskutieren, macht aber weder Sinn, noch sind diese relevant.

Wer entscheidet dann zB bei einer Fachzeitschrift über die Aufnahme eines Beitrags? In den Naturwissenschaften ist es heute für einen Verlag schlicht nicht mehr möglich, einen Artikel ohne „peer-review“-Verfahren aufzunehmen. In der Rechtswis-

86 Siehe zur deutschen Diskussion über die (Un-)Verbindlichkeit von Rechtsgütern für den (Straf-)Gesetzgeber: *Hilgendorf*, Strafrechtspolitik und Rechtsgutslehre, in: *Hilgendorf/Kudlich/Valerius* (Hrsg.), Handbuch des Strafrechts, Band 1: Grundlagen des Strafrechts, 2019, § 17. Instruktiv und immerhin differenzierend zum Ganzen jetzt auch *Münkler*, Strafrechtswissenschaft als politischer Tongeber, GA 2023, 220, sowie auch die weiteren Beiträge in diesem GA-Heft.

senschaft ist man davon weit entfernt. Das kann schlecht, aber auch sehr gut sein. Denn in der Rechtswissenschaft mangelt es an objektivierbaren Maßstäben. Nicht selten hat man es mit Peer-RevieweerInnen zu tun, die sich in einen Zitationsindex flüchten, oder die schlicht schlecht sind, weil sie die Sachmaterie nicht so recht verstehen.

Schließlich stellt sich auch eine ganz grundsätzliche Frage, die erst in einem Studium der Rechtswissenschaften nach österreichischem Muster richtig deutlich auftaucht. Noch ist der Diplomabschluss in Österreich die Regel für JuristInnen. An fast allen österreichischen juristischen Fakultäten ist immer noch eine Diplomarbeit gefordert wie in anderen Diplomstudiengängen auch. In Salzburg umfasst diese in der Regel 60–80 Seiten. Sie muss keine eigenständigen wissenschaftlichen Erkenntnisse hervorbringen, kann dies aber selbstverständlich. Diplomarbeiten sind in der Bibliothek verfügbar und können ausgeliehen werden. Besonders gute werden auch veröffentlicht. Diese können und müssen dann auch nach allgemeinem Verständnis verwertet werden in wissenschaftlichen Werken. Aber wie sieht es mit den vielen Diplomarbeiten aus, die „nur" in der Universitätsbibliothek verfügbar sind? Hier stellt sich nämlich die Grundfrage: Müssen diese (oder auch Masterarbeiten) in einer rechtswissenschaftlichen Arbeit berücksichtigt werden oder nicht? Weil Diplom- oder Masterarbeiten aber per se keine neuen wissenschaftlichen Erkenntnisse voraussetzen, wird es nicht erwartet, dass man sie in die Recherche einbezieht.

Kommt es dann für die Teilnahme am wissenschaftlichen Diskurs darauf an, ob ein Verlag eine solche Arbeit in sein Programm aufnimmt? Oder ob die betroffenen Studierenden hinreichend Drittmittel für eine Veröffentlichung finden?

Je länger man über solche Fragen nachdenkt, um so mehr Unter- und Folgefragen stellen sich. Dabei handelt es sich oft um Fragen, die man eigentlich nur unter vorgehaltener Hand anspricht. Nur deshalb verschafften sich Grundsatzfragen des Wissenschaftsbetriebs, (nämlich: Wie ernst wird zB die Betreuung und Beurteilung von Dissertationen genommen?) auf andere Weise Luft. Solche Fragen werden allenfalls in Gremien totgeredet, aber nicht konstruktiv diskutiert.

7. Woran darf man teilnehmen? Nur an der Analyse de lege lata oder auch de lege ferenda

Es kann sein, dass dies eine Frage der Verfassung ist, oder „nur“ eine solche des jeweiligen Selbstverständnisses der Wissenschaftskultur. Jedenfalls zeigt das Beispiel Österreichs, dass die Rechtswissenschaft dort zurzeit sehr weit davon entfernt ist, eigene rechtliche Modelle zu entwickeln, und sich stattdessen im Wesentlichen nur auf Reaktionen gegenüber ministerialen Gesetzgebungsentwürfen in halbformalen „Begutachtungsverfahren" zu beschränken. Eine rechtsphilosophisch-strafrechtliche Arbeit wie zB diejenige von *Burghardt*[87] zur Ersetzung des Schuldprinzips durch ein „Kontrollprinzip" wäre nach meiner Einschätzung in der österreichischen Strafrechtswissenschaft zurzeit kaum denkbar.

8. Fazit: Jede Gesellschaft konstruiert ihr eigenes Recht (*Watzlawick*-Gedanke)

Mein Fazit zu den Konsequenzen der „Argumentationswissenschaft" für die Rechtsvergleichung ist ein Satz in Anlehnung an den Psychologen *Paul Watzlawick*. Er hat zusammengefasst die zentrale Aussage gemacht: Jeder konstruiert sich seine Welt selbst.

Auf der Grundlage des Verständnisses der Rechtswissenschaft als Argumentationswissenschaft kann man entsprechend auch für die Rechtsvergleichung sagen:

Jede Gesellschaft konstruiert sich ihr eigenes Recht.

Dieses Recht ist nur sehr bedingt auf andere Gesellschaften übertragbar, weil jede Gesellschaft und jede Rechtsordnung ihre je eigenen gesellschaftlich-

87 *Burghardt*, Zufall und Kontrolle. Eine Untersuchung zu den Grundlagen der moralphilosophischen und strafrechtlichen Zurechnung, 2018.

historischen „Prägungen" im Sinne von *diFabio*[88] erfahren hat. Damit sind die jeweils spezifischen historischen Gegebenheiten gemeint. Diese bewirken, dass Normen mit identischem Wortlaut eine völlig unterschiedliche Handhabung erfahren können. Um ein einfaches Beispiel zu wählen: Der Mord nach § 75 öStGB in Österreich mit einem Geschworenenverfahren hat einen ganz anderen Hintergrund als § 212 dStGB in Deutschland. Beide Normen haben in der Sache dieselben tatbestandlichen Voraussetzungen (wer einen anderen tötet, wird bestraft). Ein „§ 75" würde in Deutschland aber ganz anders gehandhabt.

VIII. Zusammenfassung: Die Rechtswissenschaft als Argumentationswissenschaft

Rechtswissenschaft ist für mich die Suche nach dem bislang ungedachten oder jedenfalls ungeäußerten Argument.

Wenn sich die Rechtswissenschaft als Wissenschaft verstehen möchte, muss sie sich an allgemeine wissenschaftliche Standards halten. *Kelsen* hat dies dadurch versucht, dass er die Standards für empirische Wissenschaften auch an die Rechtswissenschaft anlegen wollte. Das ist nicht überzeugend.

88 *Di Fabio*, Die Weimarer Verfassung. Aufbruch und Scheitern, 2018.

Wenn man jedoch in den Standards der empirischen Wissenschaften zugleich auch Standards für nicht-empirische Wissenschaften sieht, die man aber auf jeden Fall funktionell anpassen muss, dann kann man das Desiderat erfüllen, dass die Rechtswissenschaft auch eine allgemeine Wissenschaft ist. Dann bliebt nur übrig, sie als normative Argumentationswissenschaft zu verstehen.

Und zwar als „eine“ einheitliche Rechtswissenschaft, die man nicht unterteilen muss nach Fachbereichen oder „Fächern“.

Teil B: Konsequenzen für (rechts-)wissenschaftliches Arbeiten

Für wissenschaftliches Arbeiten im Recht sind die Konsequenzen schwer zu prognostizieren.

I. Gleichwertigkeit von Argumenten

Vom Ausgangspunkt her muss jedes Argument als in der Rechtswissenschaft gleichwertig behandelt werden. Es darf nichts ausmachen, ob das Argument in einer Monografie eines Professors/einer Professorin einer Universität, im Urteil eines Höchstgerichts, in einem Aufsatz oder gar in einer studentischen Hausarbeit zum ersten Mal vorkommt.

Natürlich können dies Praktikerinnen und Praktiker nicht so handhaben. Dort zählt immer die Rechtsmeinung des jeweils zuständigen Gerichts. Das muss man zur Kenntnis nehmen. Anders geht es in der Praxis auch gar nicht.

Aber rechtswissenschaftliches Arbeiten beginnt da erst und hört nicht etwa auf. Wie oft ist es für die Praxis entscheidend zu sehen, dass eine bestimmte Entscheidung gerade *nicht* für den gerade zu behandelnden Fall relevant ist. Oder man muss sich Gedanken darüber machen, an welcher konkreten Stelle ein bestimmtes Argument der Rechtsprechung „einzupassen“ ist.

Die Beispiele lassen sich problemlos fortsetzen.

Anders als die empirischen Wissenschaften können die nicht-empirischen Wissenschaften auch nicht auf ein Fixum zurückgreifen. Das ist die „Wahrheit“ mit all ihren Unschärfen. Vielleicht muss man in den nicht-empirischen Wissenschaften deshalb auf ein Verfahren zurückgreifen, weil es kein Pendant zu einem Konzept der „Wahrheit“ gibt. Nur deshalb muss die Fragestellung auch oft angepasst werden. Keineswegs befriedigend ist es nämlich, in jedem ungelösten Rechtsproblem gleich eine Forschungsfrage zu sehen. Dadurch kann man die Forschungsfragen atomisieren und in die Beliebigkeit erweitern.

II. Geschriebenes Argument: Verfassen von Schriftlichem

1. Ausgangsüberlegungen

Beim Verfassen von Schriftlichem, also von kurzen Aufsätzen bis hin zu umfangreichen Monografien, müsste man konsequenterweise überlegen: Wo das am meisten überzeugende Argument herstammt, ist nicht entscheidend. Es kann in einer Habilitationsschrift stehen oder in einem studentischen Seminarreferat. Es interessiert allein, dass es (irgendwo) zum ersten Mal formuliert und dann diskutiert worden ist.

Von daher können es nur Praktikabilitätsgründe sein, weshalb man beim Verfassen eines Aufsatzes nicht fordern müsste, den Bestand der eigenen oder gar aller Bibliotheken auch auf studentische Arbeiten zu durchforsten.

Allerdings stellt sich hier sofort das Problem des allgemeinen Zugangs. Nur wenn es irgendeine Form von „Veröffentlichung" gibt, kann man überhaupt darüber diskutieren, in welchem Maße man solche Arbeiten verarbeiten und zitieren muss. Selbst wenn studentische Arbeiten (wie Diplomarbeiten in Salzburg) jedenfalls an der prüfenden Universität verfügbar sind, enthalten sie (wie ebenfalls in Salzburg) keinen Hinweis auf die Note. Der einzige mögliche Rückschluss ist: Diese Arbeit wurde „approbiert", also angenommen von einem Prüfer oder einer Prüferin, hat also mindestens die Note „genügend". Mehr kann man aus der Verfügbarkeit in der Bibliothek nicht entnehmen.

Das setzt sich fort bei Zitierstandards. Im Öffentlichen Recht ist es oft üblich, folgendermaßen zu differenzieren: Wer wissenschaftliche Reputation hat, kann im Haupttext namentlich erwähnt werden, wer das noch nicht hat, kommt nur in die Fußnoten. Das ist aus meiner Sicht evident unwissenschaftlich.

2. Keine Zitierkartelle

Die Schaffung von Zitierkartellen und „Schulen“ wäre auf dieser Grundlage eindeutig unwissenschaftlich. Zitierkartelle kommen in der Praxis häufig vor. Der angloamerikanische Stil der Zitate ist aus europäischer oder jedenfalls aus deutscher Sicht nicht überzeugend. Man kann ihn in fast jeder amerikanischen Monografie feststellen: Die Zitate werden nicht so gemacht, dass auf eine ganz konkrete Stelle per „Seite“ oder per „Randnummer“ hingewiesen wird, an der sich das im eigenen Text Ausgeführte bereits befindet. In den USA bedeutet eine Zitat oft nur: *„Dieses Buch oder dieser Aufsatz von diesem Autor oder dieser Autorin enthält ebenfalls (oft nur: irgendwo) Ausführungen, die zum Umfeld des Themas passen.“*

III. Gesprochenes Argument: Wissenschaftliche Konferenzen

Wenn ich nachfolgend auf das „gesprochene“ Argument zu sprechen komme, dann meine ich nicht zB das (zeitlich/räumlich) „vor“ dem Gerichtssaal gesprochene oder im Schriftsatz geschriebene Wort. Dies mag die Vorstellung von PraktikerInnen sein, wenn sie über „Argumentationswissenschaft“ nachdenken.

Ob man aber für Konferenzen einen „Call for papers" macht und damit juristisch eine bloße „invitatio ad offerendum" kundmacht oder Referentinnen und Referenten „freihändig" und „nach alter Väter Sitte" gleichsam im „Hinterzimmmer" aussucht, wäre dann ebenfalls nicht mehr zu entscheiden. Ein call for papers wäre zwingend, weil er jedenfalls einen allgemeinen und unbeschränkten Zugang zu wissenschaftlichen Veranstaltungen ermöglicht.

Sowohl die Strafrechts- wie auch die Tagung der StaatsrechtslehrerInnen sind davon aber meilenweit entfernt. Das hängt sicherlich auch mit dem Selbstverständnis dieser Gruppen zusammen. Sehr treffend ist insoweit jedenfalls der Titel einer von *Schultze-Fielitz* herausgegebenen Monografie, die er „Staatsrechtslehre als Mikrokosmos" nennt. Mit der nötigen Distanz könnte man auch über die „Strafrechtslehre als Mikrokosmos" sinnieren. Allerdings wären für mich ganz andere Unterthemen relevant als für *Schultze-Fielitz.* Jedenfalls zeigt die Geschichte der deutschen Staatsrechtslehrerinnen und Staatsrechtslehrer, dass man auch hier von einem geradezu preußischen Habitus geprägt ist, der wissenschaftlich nicht notwendig ist, und sehr gekünstelt wirkt.

Würde man streng nach dem Fokus (irgend-)einer Argumentationstheorie vorgehen, so käme es nicht darauf an, ob man sich bei einer wissenschaftlichen Konferenz physikalisch an den Ort der Veranstaltung begibt und dort vor Ort und live diskutiert oder ob man „nur" über das Internet per Zoom oder einem anderen Programm miteinander kommuniziert. Der Austausch der Argumente wäre allein zielführend.

Nicht nur jede Art von Wissenschaftstourismus bliebe auf der Strecke, weil es kein „changing places" im Sinne der Bücher von *David Lodge* mehr gäbe. Es wäre aber auch keine Gelegenheit für Pausen- oder Flurgespräche. Diese sind oft wichtiger als das offizielle Tagungsprogramm.

Teil C: Konsequenzen für Lehre und Prüfungen

I. Lehre

Wenn man die Rechtswissenschaft als „Argumentationswissenschaft" versteht, dann ergeben sich vielfältige Konsequenzen für die Lehre. Im Mittelpunkt steht die Vermittlung von Begründungskompetenz. Dies beruht auf dem Vergleich mit sonstigen intellektuellen Kompetenzen, vor allem mit mathematischen und sprachlichen, aber auch mit historischen:

Das rechtswissenschaftliche Denken ist geprägt von folgenden Kompetenzen:

(1) Sprachkompetenz: also vor allem Fähigkeiten, wie der Lektüre und dem Verständnis abstrakt-genereller Sollens-Sätze, wie zB bei Gesetzestexten;
(2) Mathematisch-logische Kompetenz: Der Umgang mit mathematischen und logischen Strukturen wie zB den Distributivgesetzen. Hiermit kann man das Verhältnis von „Allgemeinem Teil" und „Besonderem Teil" erklären.
(3) Geschichtskompetenz: Darüber hinaus ist aber ein geschichtliches „Mindestverständnis" erforderlich, um zB Rechtsentwicklungen sachge-

recht einordnen und für Begründungen fruchtbar machen zu können.

Hieraus folgen zahlreiche Konsequenzen. Sie beginnen mit der Größe bzw. der personellen Ausstattung einer juristischen Fakultät. „Massenfakultäten" und Großvorlesungen und die meisten Vorlesungen generell sind jedenfalls sinnlos.

In der deutschen Juristenausbildung fehlt es weitgehend an ganz banalen Lehrinhalten und Fragen. Nur als wenige Beispiele:

- Wie liest man ein Lehrbuch, einen Kommentar?
- Was ist ein Argument in einem juristischen Text?
- Wozu sagt ein juristischer Text nichts?[89]

Mit solchen Fragen werden die Studierenden weitgehend allein gelassen. Solche Fragen könnte man ja auch nicht in einer Massenvorlesung pädagogisch sinnvoll behandeln. Kleingruppen müssten die fast ausnahmslose Regel sein, Das Jura-Studium wäre nicht mehr massentauglich und billig.

---

89 Solche Fragen habe ich in einer von mir konzipierten Lehrveranstaltung vermittelt; siehe dazu Lagodny, „Wissenschaftliches Schreiben für JuristInnen" – ein Erfahrungsbericht zu einer neuen Lehrveranstaltung in: Garber (Hrsg) Festschrift für Matthias Neumayr, Band I, 2023, 187.

II. Prüfungen

Die drei erwähnten Kompetenzen müssen in einem juristischen Studium vermittelt werden. In Prüfungen kann dann auch „nur“ diese umfassende Kompetenz abgeprüft werden: die Begründungskompetenz.

Das würde bedeuten, dass man keinerlei positive „Kenntniskompetenz“ abfragt, soweit sie nicht auch für die Begründungskompetenz notwendig ist.

Dieser Zusammenhang ist so selbstverständlich: keine Begründungskompetenz ohne „Kenntniskompetenz“. Oft wird dieser Zusammenhang aber ignoriert und nur auf „Kenntniskompetenz“ abgestellt. So als ob man vor allem die Subsumtion auswendiglernen könnte. Zur „Kenntniskompetenz“ würde aber nur ein geringer Teil des Stoffes gehören, weitaus weniger, als man heute etwa für das Erste oder das Zweite Juristische Staatsexamen fordert. Man könnte sich also überlegen, den Stoff radikal auszudünnen und vieles streichen.

Das hätte freilich zur Konsequenz, dass man das Ideal des „Einheitsjuristen“ aufgeben muss. Von daher liegt auch der „Sprung“ zur oder jedenfalls einen „Anleihe“ bei der „Bologna-Struktur“ nicht fern:

Die vorgenannte „Begründungskompetenz“ könnte ohne Weiteres Gegenstand eines Bachelorstudienganges sein. Dieser könnte unter anderem ergänzt werden durch einen „Justiz-Master“, der dann das Niveau des Ersten Staatsexamens erreicht.

Oder man überweist das *Rechts*studium den Fachhochschulen und räumt wenigen Studierenden die Möglichkeit eines wirklichen *rechtswissenschaft*lichen Studiums ein.

Teil D: Konsequenzen für die Wissenschaftsverwaltung

Es lassen sich wohl sehr viele Konsequenzen für die Wissenschaftsverwaltung aufzeigen. Nachfolgend möchte ich als Beispiele nur Konsequenzen für Berufungsverfahren herausgreifen.

In Berufungsverfahren ist es sehr hilfreich, wenn man bei der Auswertung der Veröffentlichungen für die Beurteilung und Reihung der Bewerbungen vor allem auf die Forschungsfragen zurückgreifen kann. Dann ergeben sich zB folgende Kriterien:

1. Formulieren die Veröffentlichungen eine oder mehrere Forschungsfragen, die der zentrale Gegenstand der Arbeit sind? Dazu gehört insbesondere auch: Fallen bei der Bearbeitung der Forschungsfragen irgendwelche Besonderheiten auf, etwa Unstimmigkeiten in methodischer Hinsicht?
2. Mit welcher Intensität werden die einzelnen Forschungsfragen bearbeitet (zB nur als Urteilsanmerkungen oder als große Monografie?)
3. Wie sind die einzelnen Forschungsfragen inhaltlich in Bezug auf die konkrete Stellenausschreibung zu bewerten? Sind sie zB aktuell oder alt? schwierig oder einfach? rein strafrechtlich (bzw. zivilrechtlich, öffentlichrechtlich etc.) oder inter-

disziplinär? Sind sie innovativ? Haben sie Grundlagencharakter oder sonst über Deutschland hinausragende Relevanz?
4. Inhaltliche Gesamtbetrachtung: Welche Themen deckt der Bewerber bzw. die Bewerberin ab? Sind die Forschungsfragen oder die Forschungsthemen inhaltlich eher breit gestreut oder laufen Sie im Wesentlichen auf dasselbe hinaus.

Mit solchen Fragen kann man überraschend schnell erkennen,

- dass jemand im Wesentlichen nur eine einzige wissenschaftliche Fragestellung kennt, die er oder sie aber geschickt umformuliert, wenn man nur auf den Titel des Beitrages schaut;
- dass jemand sehr widersprüchlich hinsichtlich der „eigentlich" verfolgten Fragestellung ist, sich hierüber also wohl keine zielführenden Gedanken gemacht hat. Wenn dies in einer Habilitationsschrift der Fall ist, dann müssten die Alarmglocken auch hinsichtlich des Habilitationsverfahrens „läuten";
- dass jemand die über den „Tellerrand" hinausgeschaut hat.

Diese Beispiele ließen sich sicherlich ohne Weiteres vermehren. Man kann sie selbstverständlich auf Qualifikationsgutachten (Dissertation, Habilitation, vergleichende Beurteilung von BewerberInnen) übertragen.

Teil E: Konsequenzen für finanzielle Fragen

Die Parallele zur Mathematik und auch zu den Fremdsprachen zeigt, dass es völlig untauglich ist, den akademischen Unterricht schwerpunktmäßig mit Großvorlesungen zu gestalten. Erforderlich ist vielmehr die Arbeit in Klein- und Kleinstgruppen.

Das hat auch Folgewirkungen für die Universitätsgebäude: Ideal sind viele Räume für kleine Gruppen bis hin zu Räumen, die studentische Arbeitsgruppen belegen können. Wegen der vielen Folgen für den Staatshaushalt wäre zu klären, inwieweit die Universität die Aufgabe hat, solche Räumlichkeiten zur Verfügung zu stellen.

Die unmittelbare Folge wäre, dass die Zahl der Studienplätze erheblich eingeschränkt werden würde. Denn diese wenigen Studienplätze wären teuer, weil sie betreuungsintensiv sind.

Die weitere Folge ist, dass ein Auswahlverfahren nötig wird.

Zusammenfassender Ausblick

Das Fazit aus den gesamten Überlegungen besteht darin:

1. Es gibt keine weltweit verbindliche inhaltliche Lösung, es gibt nur regionale inhaltliche Grenzen. Entscheidend ist deshalb die Toleranz gegenüber anderen Rechtsordnungen, gegenüber anderen Konzepten von Gerechtigkeit und von Konfliktlösung.
   Dafür kommt es ganz maßgeblich darauf an, wo die jeweils eigenen inhaltlichen Grenzen der Toleranz sind.
2. Mangels inhaltlicher Lösungen bleibt nur eine Lösung über Verfahren übrig: Wie gelangt man insoweit zu einer (wen?) überzeugenden Lösung? Wenn es diese Verfahrenslösung nicht gibt, dann ist wiederum die Toleranz und deren Grenzen gefragt.
3. Dieses Buch und dieser Beitrag stehen für mich persönlich am Ende meiner juristisch-wissenschaftlichen Tätigkeit. Ich habe für mich viele und eigentlich alle für mich wichtigen und essentiellen juristische Fragen durchdacht und gelöst. Ob es nur „viele" oder „alle" sind, spielt für mich keine Rolle. Ich sehe jedenfalls die Juristerei oder die

Rechtswissenschaft jetzt mit anderen Augen. Und es gibt eigentlich kaum eine juristische Frage oder ein Problem, die es wert wären, meine mir noch verbleibende Lebenszeit dafür zu opfern.

Dazu hat vieles beigetragen: neben meinen Erfahrungen mit dem österreichischem Recht und seiner Rechtskultur insgesamt besonders auch das interdisziplinäre Nachdenken (zB über politikwissenschaftliche Positionen und Sichtweisen) sowie die Auseinandersetzung mit anderen Kulturen und Rechtskulturen.

Grundlage hierfür waren von Anfang an meine rechtsvergleichende und transnational-rechtliche Prägung und meine Neugier. Für mich war es selbstverständlich, dass unser aktuell in Deutschland geltendes Recht nicht so bleiben muss und nicht so bleiben wird, wie es ist. Und: Es war auch nicht schon immer so, sondern hat sich historisch so (und eben nicht anders) entwickelt, wie es gerade ist.

4. Kurz und gut: Ich muss immer sowohl horizontal-länderübergreifend wie auch vertikal-historisch rechtsvergleichend denken.

   Diese im doppelten Sinne rechtsvergleichende Prägung bringt automatisch eine Mindestform von Toleranz und Achtung gegenüber anderen Rechtsordnungen mit sich. Und es ist wohl genau diese Toleranz und Achtung, die mich davor bewahrt, „die deutsche“ oder irgendeine andere

Rechtsordnung als absolut oder „jedenfalls“ höherrangig anzusehen.
Dies ist mir besonders am Beispiel Österreichs bewusst geworden. Zu verstecken braucht sich diese anregende Rechtsordnung wahrlich nicht. Auch wenn das deutsche Selbstwertgefühl das nicht zulassen mag.

5. Für mich ist entscheidend: Weder nationale oder internationale Menschenrechte noch philosophische Konstruktionen sind Garanten für weltweit ihren Geltungsanspruch erhebende Letztbegründungen. Das muss ich mir selbst eingestehen. Ob andere das auch so sehen, lasse ich dahingestellt.
6. Eine vergleichbare Einstellung wünsche ich jedenfalls jedem Kollegen und jeder Kollegin aus der Rechtswissenschaft. In der Justiz und in der Praxis ist das nicht ohne Weiteres möglich. Ich hatte das wissenschaftliche Glück, nicht als „his master‘s voice“ meines akademischen Mentors *Albin Eser* oder einer „herrschenden Meinung“ herhalten zu müssen. Mir sind da Fälle begegnet, die fast schon an die geistige Misshandlung von Erwachsenen hinreichen, indem junge Wissenschaftlerinnen und Wissenschaftler de facto in eine wirtschaftliche Zwangsjacke gesteckt werden. Ich konnte mich während meiner ganzen aktiven akademischen Zeit immer zunächst fragen: Stimmt das für mich selbst? Dies hat meine wissenschaftliche Neugier erhalten und mich gegen Menschen

skeptisch gemacht, die meinen, sie seien etwas Besonderes, seien „Gesalbte“.

Zeitfracht Medien GmbH
Ferdinand-Jühlke-Straße 7
99095 Erfurt, Deutschland
produktsicherheit@kolibri360.de